MW01644984

Sobre el autor

Elvin Nahum Ortiz Maldonado, nació en la ciudad de Tegucigalpa, Honduras, el 14 de agosto de 1968. Ha sido un investigador permanente de las enseñanzas de Jesucristo el cual reconoce como su Salvador y maestro entre maestros.

Licenciado en Informática Administrativa graduado en la Universidad Nacional Autónoma de Honduras (UNAH), estudiante de Applied Technology Bachelor Science, Brigham Young University - Idaho (BYU-I). Anteriormente se desempeñó como director del Observatorio Hondureño Sobre Drogas en el Consejo Nacional Contra el Narcotráfico, y director de la Unidad de Gobierno Digital de Honduras, fue miembro fundador de la Fundación Alfredo Landaverde, y miembro fundador de la ONG Marcovia Project para ayudar a los necesitados en Honduras, se ha desempeñado como consultor nacional en sistemas de información y asesor en informática de organismos nacionales e internacionales. Es parte del grupo Gurus sobre temas de sistemas e informática, y miembro activo de La Iglesia de Jesucristo de los Santos de los Últimos Días donde ha servido como misionero de tiempo completo en la Misión Honduras-Belice 1985 – 1987.

Su pasión por la profundidad profética que existe en el Libro de Mormón le ha valido escribir ensayo sobre "Quien es quien el Libro de Mormón", "La sociedad de Nehor y su influencia en la Banda de Gadianton", además de otros estudios relacionados al uso de las Tecnologías de la Información y Comunicación en las instituciones públicas, y coautor del estudio "Estrategia para la Defensa" como parte del Libro Blanco de las Fuerzas Armadas de Honduras en el año 2004 junto con Gustavo Alfredo Landaverde, asesinado por las mafias policiales de Honduras en 2007.

Contenido

Prólogo

A la luz de las culturas de El Libro de Mormón, uno de los libros canónico de La Iglesia de Jesucristo de los Santos de los Últimos Días relata los acontecimientos sociales, políticos, culturales y religiosos ocurridos en civilizaciones de la antigua América, que rivalizan con patrones de conducta, desde el tiempo de la Torre de Babel y la semejanza que estos eventos están presentes en nuestra situación actual, ha sido mi fuente de estudio por décadas.

Lo que pretendo en este análisis es demostrar el carácter profético de El Libro de Mormón que manifiesta cómo funcionan las "combinaciones secretas" y así sondear no solo la historia sino la topología de la creación de estas combinaciones que llevaron y siguen llevando a la destrucción de sociedad enteras.

La amenaza de las organizaciones criminales, ha sido dramatizado por una variedad de acontecimientos violentos en estas últimas décadas que da la impresión de que las cosas que están sucediendo hoy día -tales como: la lucha de los carteles dedicados a los diferentes delitos transnacionales con el fin de cambiar las políticas públicas del gobierno en relación a la extradición de sus líderes; la reorganización de carteles criminales en territorio mexicano y centroamericano; el ataque de la mafia siciliana en el Estado italiano y el asesinato de jueces; la aparición de organizaciones delictivas rusas no sólo en la Comunidad de Estados Independientes sino también en Europa Occidental y los Estados Unidos de

América; el aumento en el lavado de dinero, etc. -. Es algo que tiene sus orígenes estructurales, organizados para destruir la libertad y esclavizar al género humano a un mundo de adicciones y de crimen que datan de fecha antigua.

La delincuencia organizada es una sociedad de personas que busca operar fuera del control de los gobiernos legales y legítimos. Se trata de miles de personas que se han dedicado a delinquir, trabajando dentro de estructuras complejas como los de cualquier gran empresa, con sujeción a las leyes más rígidamente aplicadas a los gobiernos legítimos. Sus acciones no son impulsivas, sino más bien el resultado de oscuras conspiraciones, llevadas a cabo durante muchos años y destinado a obtener el control de campos enteros de todo tipo de actividad con el fin de acumular grandes ganancias de dinero y poder en todos los ámbitos sociales.

Es necesario el entendimiento de la cosmogonía del origen del hombre desde su vida premortal hasta su resurrección gloriosa y la dicotomía entre el bien y el mal como fuerzas, que, liberan batallas por las almas, con el fin de mantener el poder sobre los hombres, la relación de estos con sus semejantes y su "ventaja" en satisfacer sus necesidades temporales y espirituales, es lo más atractivo para las fuerzas del mal y el camino más fácil para hacerse rico en detrimento de sus semejantes.

Es en este sentido, mediante los escritos de los profetas de El Libro de Mormón conoceremos los motivos que impulsan a los hombres a pensar y actuar como ellos lo hacen, y determinar cuál es el trasfondo de todo lo que pasa y los oscuros propósitos que tiene en mente el "autor material" de todas estas sucias combinaciones secretas.

Para un mejor entendimiento, he dividido este estudio en dos capítulos. El primero trata la amenaza que se cierne sobre los gobiernos legítimamente instalados y elegidos por los ciudadanos. Los grupos de poder factico pretenden fomentar la diferencia de clases sociales, mediante: critica constante de la forma de gobierno; subsidios gubernamentales un mal negocio; deuda pública es más de lo que se recibe; e, hipotecar el país.

Para tener en mente como las combinaciones secretas utilizan las maneras de cómo desestabilizar un gobierno es necesario determinar el objetivo a alcanzar, la forma de difusión y el resultado para implementar un sistema basado en el caos popular y luego comparar estas con los acontecimientos ocurridos en el Libro de Mormón, a partir de una matriz en donde se establecen cuatro variables: objetivo, forma de difusión, resultado por parte de los desestabilizadores del buen gobierno, y la cuarta variable es la comparación con El Libro de Mormón.

El segundo capítulo, hace hincapié en las amenazas de los grupos irregulares en destruir la seguridad ciudadana de un país. La seguridad es un tema de campaña de los diversos actores políticos donde las acciones tienes diversas reacciones. La corrupción, la violencia, la criminalidad ha sido el cáncer que nos devora vivos y muchas veces nos volvemos impotentes porque no sabemos qué hacer y que tratamiento tomar para acabar con el mal que tanto aqueja al ciudadano en cualquier parte del mundo.

¿Porque El Libro de Mormón? el profeta y presidente de la Iglesia de Jesucristo de los Santos de los Últimos Dias Spencer W. Kimball escribió "*Este registro inspiracional nunca ha sido alterado por traductores desautorizados ni teólogos partidistas, sino que ha llegado al mundo en su forma pura, de los historiadores y compiladores facultados hasta nuestras manos, por medio de una traducción inspirada. El libro no se encuentra a prueba, —pero sus lectores sí. He aquí un tomo de Escrituras tan antiguas como la creación misma y tan reciente y vibrante como el mañana; conecta el tiempo con la eternidad.*"[1] (Cursiva agregada) [1]

[1] Kimball, Spencer W. 1972. La fe precede al milagro. Deseret Book Company, Salt Lake City. Utah, 334

Fomentar Las Diferencias De Clases Sociales

Objetivos:

1. Enseñar que aquellos que tienen un alto nivel de vida, lo han logrado gracias a la explotación que han hecho de los que viven con escasos recursos.
2. Es necesario prescindir de la idea de que las personas progresan con trabajo y esfuerzo, y de que la riqueza es algo que se crea.
3. Hay que centrar la atención de estudiantes y trabajadores en los problemas de la distribución de la riqueza, y formar conciencia de clase.

Forma de difusión: elaborar una conferencia, discurso o artículo, con base en las grandes diferencias de clases que existen, en especial, en los países subdesarrollados. Consultar estadísticas de la Organización de las Naciones Unidas (ONU) y del Banco Mundial (BM), para reforzar las tesis planteadas. Posteriormente, citar casos reales, para demostrar que unos pocos viven con muchas comodidades, mientras una gran parte carece de lo necesario.

Resultados: la sociedad no ve la solución en producir, sino en quitarle al que ha producido. Espera recibir la parte que le corresponde de riqueza, que "otros le han quitado" y están disfrutando. Con estos razonamientos se destruye la unidad del país y la cooperación entre los sectores sociales, lo que trae como consecuencias bajas en la producción y en la efectividad del trabajo.

Comparación con el Libro de Mormón: Estos argumentos, tienen un éxito rotundo entre masas de personas que no razonan. Además, las mismas personas que son usadas como instrumentos para difundir esas ideas, logran ser admiradas, respetadas y consideradas por muchos como filántropos que buscan el bienestar común pero su vida es una estela de delitos amparados en la oscuridad gubernamental.

Leemos cómo las condiciones de prosperidad producto del orden ideal en los ámbitos social y religioso de las personas que habitaron América fue alcanzado por la población que tenía diferencias mínimas unos hacia otros y eran personas trabajadoras e industriosas. El profesor Daniel C. Peterson de Neal A Maxwell Institute describe el sistema económico imperante y la tecnología utilizada en América, señala que "La economía de los pueblos del Libro de Mormón parece, en general, que fue relativamente sencilla. Aunque muchos nefitas y jareditas vivía en ciudades de tamaño modesto (un punto cuya credibilidad se ha visto reforzada por las investigaciones recientes), sus sociedades se basaron en la agricultura. El comercio fue mencionado por algunos periodos, pero se vio limitado por las guerras frecuentes.

La base de subsistencia de la economía nefita era agraria, la riqueza se manifiesta en términos de los rebaños, ganado, ropa costosa, oro, plata, y "cosas preciosas" en lugar de la tierra[2]. Dado que toda la población parece haberse desplazado a menudo, la tierra no puede haber sido una fuente estable de riqueza[3]. Lo ideal sería que la riqueza debía ser compartida con

---

[2] (Jacob 2:12-13; Enós 1:21; Jaróm 1:8; Mosíah 9:12, Alma 01:06, 29; 10:12 Éter 17:25, 32:2)

los pobres y para el bien común, pero los fuertes contrastes entre ricos y pobres son evidentes más de las veces.

La agricultura en El Libro de Mormón implicaba ganado y cultivos sembrados. Por ejemplo, en el siglo V Antes de Cristo, los nefitas cultivaron "*la tierra, y produjo toda clase de granos y de frutos, y criaron rebaños de reses, y manadas de toda clase de ganado, y cabras y cabras monteses, y también muchos caballos*. " (Enós 1:21). En el siglo II antes de Cristo, el pueblo de Zeniff dice que "*empezamos a cultivar la tierra, sí, con toda clase de semillas, con semillas de maíz, de trigo y de cebada, con neas y con sheum, y con semillas de toda clase de frutas; y empezamos a multiplicarnos y a prosperar en la tierra.*" (Mosíah 9:9; ver Alma 11:07.). (Peterson, 1:172-75) "[4]

El Libro de Mormón indica como empieza en el pueblo nefita, el fomento de las diferencias sociales. No se trata del sistema de gobierno de la época, debemos entender que no son los sistemas de gobiernos los malos, sino que los hombres ponen su corazón en la alabanza del mundo y en hacer riqueza para diferenciarse de los demás olvidando sus obligaciones con los ciudadanos, esto no es exclusivo de un sistema de gobierno en particular, sea este gobierno de carácter parlamentario, federal,

[3] (2 Nefi 5:5-11;. Omni 1:12-13, 27-30; Mosíah 9; 18:34-35, 22; 24:16-25; Alma 27; 35:6-14; 63:4-10; Helamán 2:11. 3:3-12; 4:5-6, 19; 3 Nefi 3:21-4: 1; 7:1-2).

[4] Peterson, Daniel C, 1992. "Book of Mormon Economy and Technology." In Encyclopedia of Mormonism, edited by Daniel H. Ludlow, 1:172-75. 5 vols. New York: Macmillan, http://maxwellinstitute.byu.edu/publications/books/?bookid=51&chapid=366 (accedida el 28 de abril de 2011)

presidencialista, socialista, árabes, unitario o gobierno de los jueces, el resultado será el mismo.

Los análisis sobre el crecimiento del poder, su tendencia a abusar hasta que encuentra límites, la arrogancia y el despotismo que puede resultar de la falta de control abundan en los escritos de los profetas. Hemos pasado de la nada al todo, y la nueva situación exige reflexiones sobre la limitación de ese poder desbordado y sin control.

Es justamente en el tipo de gobierno de los jueces que fue instituido por el buen rey Mosiah que la división de clases empieza, Alma el hijo de Alma (ambos fueron Jueces Superiores) lo detalla así:

"Y sucedió que, en el gobierno de los jueces, los de la iglesia empezaron a llenarse de orgullo por motivo de sus grandes riquezas, y sus delicadas sedas, y objetos preciosos que habían obtenido por su industria; y en todas estas cosas se envanecieron en el orgullo de sus ojos, porque empezaron a usar vestidos muy costosos. Ahora bien, esto fue causa de mucha aflicción para Alma, sí, y para muchos de los que él había consagrado para ser maestros, sacerdotes y élderes en la iglesia...Porque vieron y observaron con gran dolor que los del pueblo de la iglesia empezaban a ensalzarse en el orgullo de sus ojos, y a fijar sus corazones en las riquezas y en las cosas vanas del mundo, de modo que empezaron a despreciarse unos a otros, y a perseguir a aquellos que no creían conforme a la propia voluntad y placer de ellos. [énfasis agregado] *Y así, empezó a haber grandes contenciones entre los de la iglesia; sí, había*

envidias y conflictos, malicia, persecución y orgullo..." (Alma 4:6-9) Cursiva agregada

Esta causa de desigualdad provocada por el hombre contra el hombre, es un aspecto lamentable. Como el hombre por su lucha en la sociedad muchas veces no le importa a quien se tenga que llevar por el frente para alcanzar sus metas y objetivos de "obtener el poder"; caso que no tiene explicación racional, pero que de cierto modo es necesario para que este pueda sobrevivir en el ámbito social, aunque no se justifica esa actitud.

No quedándonos estancados a estas investigaciones, me atreveré a decir que lo que hace la diferencia entre una persona y otra en la lucha por la sociedad es la actitud del hombre. El hombre solo hace reflejo de sus deseos primarios que son: la felicidad, progresar y ganar dinero, y una forma de lograr estos objetivos es siendo rico y próspero. Así como hay personas pobres y personas ricas, hay países pobres y países ricos, la diferencia entre los países pobres y los países ricos no lo hace la antigüedad. La diferencia la hace la buena o mala actitud que tiene el individuo que compone la sociedad.

Sí, ¿persistiréis en suponer que unos sois mejores que otros? Sí, ¿persistiréis en perseguir a vuestros hermanos que se humillan y caminan según el santo orden de Dios, en virtud de lo cual han entrado en esta iglesia —habiendo sido santificados por el Santo Espíritu— y hacen obras dignas de arrepentimiento?, Sí, ¿persistiréis en volver vuestras espaldas al pobre y al necesitado, y en negarles vuestros bienes? (Alma 5:54-55)

Después de reflexionar sobre estas escrituras, se puede tener claro o al menos una visión general de cómo evolucionó nuestra sociedad, en mi opinión -debido a las exigencias de las fuerzas políticas, del mercado económico, de los tiempos-. La teoría de lideres del mal como Amalickíah, Amlici, Nehor y otros, es que el ser humano en la medida que adquiere poder, este se hace insuficiente para él, y su "yo" interno le exige más de lo que es, y en cierta forma es lo que los hace actuar sin pensar en los demás, es algo que nadie está en la disposición de juzgar ya que la vida a veces nos exige ser crueles si queremos seguir viviendo, y este es el axioma de esos hombres perversos.

"Y sucedió que el año cincuenta y dos también concluyó en paz, salvo el desmedidamente grande orgullo que había entrado en el corazón del pueblo; y fue por motivo de sus grandes riquezas y su prosperidad en la tierra; y aumentaba en ellos día tras día." (Helamán. 3:36)

"Y fue por el orgullo de sus corazones, por razón de sus inmensas riquezas, sí, fue a causa de haber oprimido a los pobres, negando su alimento a los que tenían hambre, y sus vestidos a los que estaban desnudos, e hiriendo a sus humildes hermanos en sus mejillas, burlándose de lo que era sagrado, negando el espíritu de profecía y de revelación, asesinando, robando, mintiendo, hurtando, cometiendo adulterio, levantándose en grandes contiendas y desertando y yéndose a la tierra de Nefi, entre los lamanitas." (Helamán. 4:12)

El objetivo que perseguían estos individuos, era el poder absoluto donde los demás poderes del estado obedecen a una sola voluntad:

Y de este modo lograron la administración exclusiva del gobierno, [énfasis agregado] *al grado de que hollaron con los pies, e hirieron y maltrataron y volvieron la espalda a los pobres y a los mansos, y a los humildes discípulos de Dios.* (Helamán.6:39).

Con esos excedentes, los ricos se hacían toda una serie de objetos de lujo y de ídolos muy finamente construidos, que les servían para justificar su poder social. Lujo y rareza se hacían sinónimos de elegancia y distinción y, de esa manera, la posesión de objetos de lujo contribuía a hacerse respetar como nobles, y a distinguirse del grueso de la población:

"El pueblo se había multiplicado de tal manera que se hallaba esparcido por toda la faz de la tierra... Y, ahora bien, en este año, el doscientos uno, empezó a haber entre ellos algunos que se ensalzaron en el orgullo, tal como el lucir ropas costosas, y toda clase de perlas finas, y de las cosas lujosas del mundo. Y de ahí en adelante ya no tuvieron sus bienes y posesiones en común entre ellos. Y empezaron a dividirse en clases; [énfasis agregado] *y empezaron a establecer iglesias para sí con objeto de lucrar; y comenzaron a negar la verdadera iglesia de Cristo."* (4 Nefi 1:23-24)

Nuestra sociedad heredó ciertas costumbres de esa sociedad, ya que los grupos sociales que hoy prevalecen en Latinoamérica y otras partes del mundo tienen secuelas de carácter histórico, entre las cuales se destacan visiblemente la alta sociedad compuesta por las personas con mayor estatus socioeconómico, (los que poseen mayor lujos y objetos de valor al igual que los jefes de las tribus) que pretenden ganarse así el respeto de los demás individuos que componen dicha sociedad y la sociedad de los pobres (me refiero a aquellos que muchas veces son utilizados por los distinguidos de la alta sociedad como un peldaño más, los despreciados por su pobreza material). Por esto eso es importante hacer la comparación antes mencionada.

El ser humano siente la necesidad de reunirse o crear su propio grupo social, de allí que no se necesita de la civilización para que surgieran los grupos sociales, más bien la civilización hoy existe gracias a la conformación desde fechas antiguas de los grupos sociales, de esta manera, se ve en la cúspide de su altura, sin embargo, según pasan los tiempos aumenta más la necesidad del hombre por reformar el ambiente donde se desenvuelve. Siendo el poder quien le da el estatus social al y le da mayor ambición para ser más poderoso que los demás, cuando estos grupos son creados para hacer el mal y subyugar a los demás.

Criticar el Sistema de Gobierno

Objetivo: Todo sistema tiene fallas y bajo él se cometen injusticias. Hay que buscar dónde están esas fallas y hacer banderas de ellas. Lo importante no es plantear una posible revisión de esas fallas e injusticias para que sean corregidas, sino convencer a la gente de que vive en un sistema injusto que hay que aniquilar.

Forma de difusión: Se pueden usar expresiones como "cambio de estructuras", "injusticia social", "mala distribución de la riqueza", "proceso revolucionario", etc., que suenan bien, son de actualidad, y cada quien les puede dar el significado que quiera. Siempre hay quienes estén dispuestos a incluir estas expresiones en sus pláticas y escritos, como relleno o para impresionar.

Resultados: Si se logra centrar la atención sobre lo negativo de lo construido, trabajadores, estudiantes y muchas otras personas ya no se dedicarán a ayudar al progreso de su país, sino a destruir por destruir. El que más destruya será el más revolucionario.

Comparación con el Libro de Mormón: otra vez, los profetas vieron nuestros días, lo que aconteció en El Libro de Mormón son espejos de nuestra civilización en decadencia moral. *"Pues he aquí, ahora mismo están proyectando destruir la libertad* [énfasis agregado*] de tu pueblo (pues así dice el Señor), cosa que es contraria a los estatutos y juicios y mandamientos que él ha dado a su pueblo."* (Alma 8:17)

Además, Alma como juez superior del pueblo de Zarahemla que era la ciudad política y religiosa de la civilización nefita, anuncia lo que está sucediendo y se dirige al pueblo diciendo: "Y he aquí, os digo que la iniquidad de *vuestros abogados y vuestros jueces está empezando a establecer el fundamento de la destrucción de este pueblo.* [énfasis agregado] "(Alma 10:27).

Por otra parte, la cúpula gobernante de ese momento histórico no deseaba que los acontecimientos políticos, sociales y religiosos que iban a transformar el pueblo nefita tuvieran conocimiento de lo que estaba ocurriendo, la falta de transparencia para el ciudadano común estaba vedada, y Alma continua diciendo: *"Mas sus gobernantes, sus sacerdotes y sus maestros no permitieron que el pueblo conociera sus deseos;* [énfasis agregado] *por tanto, inquirieron privadamente la opinión de todo el pueblo."* (Alma 35:5).

Es muy conocido para muchos santos de los últimos días cómo funcionan las combinaciones secretas y estamos familiarizados con el surgimiento de estas a partir del libro de Helamán, hemos leído de Gadiantón que contrato a Kishkumen para asesinar al juez principal, se ejemplifica cómo funciona el sicariato y lo que obtuvo Gadiantón "Is fecit cui prodest" o sea "aquel que saco provecho del crimen".

"Porque había un tal Gadiantón, el cual era sumamente experto en muchas palabras, y también en su sutileza para llevar a cabo la obra secreta de asesinato y robo; por tanto, llegó a ser jefe de la banda de Kishkumen. De manera que los lisonjeó, así como a Kishkumen, diciéndoles que, si lo colocaban en el asiento

judicial, concedería que los que pertenecían a su banda fuesen colocados en puestos de poder y autoridad entre el pueblo; por tanto, Kishkumen procuró destruir a Helamán." (Helamán. 2:3-4).

Debido a que el Estado reclama el monopolio del poder y no compartir el poder con ninguna otra entidad, lo que ponía en peligro el monopolio que amenaza la existencia misma del Estado. Una amenaza aparecía en forma de guerra civil, una insurrección, una fuerza externa, un movimiento de reforma, o por un submundo potente, tal es el caso de Kishkumen como un sicario y Gadiantón como el autor intelectual en destruir la libertad de las personas y reducirlas a un cautiverio material y espiritual mediante la toma del poder a la fuerza, prometiéndoles "puestos de poder y autoridad a todos sus seguidores."

Un notable estudio sobre como criticar al gobierno lo describe John L. Sorensen en su libro *An Ancient America Setting for the Book of Mormon*[5]

"El deseo de poder causó aún más disensiones en la tierra. Alma 51 cuenta una historia que nos es familiar y que leemos en muchos otros lugares: "ahora bien, los que estaban a favor de los reyes eran personas de ilustre linaje que deseaban ser reyes; y los apoyaban aquellos que ambicionaban poder y autoridad sobre el pueblo" (versículo 8). Más tarde, Giddiani, el cabecilla de una "sociedad secreta" de alborotadores, reveló, en una carta remitida al dirigente nefita Laconeo, qué era lo que buscaban sus seguidores: "confío en que entregaréis vuestras tierras y vuestras posesiones sin efusión de sangre, a fin de que

[5] John L. Sorenson, *Un escenario para el Libro de Mormón en la Antigua América* (N. del T.) (Salt Lake City: Deseret Books)

recuperen sus derechos y gobierno los de mi pueblo, que se han separado de vosotros por causa de vuestra iniquidad al privarlos de sus derechos al gobierno" (3 Nefi 3:10). Aquí la disputa no es sobre las tierras meramente "a fin de que mediante su trabajo tuvieran de qué vivir" (3 Nefi 6:3), ni siquiera sólo sobre posesiones materiales, sino que es de poder. Se incluyen los "derechos" porque se les considera un medio para obtener poder. Este problema emerge una y otra vez en esta parte del Libro de Mormón· Sin duda, algunos de los disidentes eran simples aventureros (como el "rey" Jacob -3 Nefi 7:9- 10), pero otros pudieron haber sido descendientes legítimos del antiguo jefe Zarahemla, cuyo linaje salió perdiendo en el cambio de poder, cuando Mosíah llegó a ser rey. Luego, en los días de los jueces, después que la monarquía hubiera quedado totalmente abolida, es probable que varios de los descendientes de los primeros reyes, Mosíah, Benjamín y Mosíah hijo, sintieran que su noble linaje les daba el derecho de tener privilegios especiales.

En los asuntos nefitas el derecho a gobernar era la manzana de la discordia. El bandido Giddiani es un ejemplo, con su preocupación de que se les había quitado injustamente los *"derechos de gobierno"* a los que le eran leales, como lo muestra su insolente insistencia a Laconeo, el gobernador nefita (3 Nefi 3:10). El tema se repite una y otra vez: el disidente Ammorón se quejaba de que Nefi había robado a sus hermanos *"su derecho a gobernar, cuando justamente les pertenecía"* (Alma 54:17), La guerra de los disidentes de los nefitas y de los lamanitas era *"para subyugar a los nefitas a nuestra autoridad"* (Alma 54:20); Amalickíah *"ambicionaba ser rey*" y él y sus asociados *"codiciaban el poder"* (Alma 46:4); los que pertenecían a la banda de Gadiantón deseaban ser *"colocados en puestos de poder y autoridad entre el pueblo"* (Helamán 2:5); Moroni estaba enfadado amargamente con los rebeldes *"que quieren usurpar el poder y la autoridad"* (Alma 60:27); la sociedad secreta logró *"la administración exclusiva del gobierno"* (Helamán 6:39)."

El ethos o *punto de partida* de la mafia siciliana es visto como algo específico e irrepetible, (tan antiguo como las combinaciones secretas definidas en El Libro de Mormón) y no sólo por su capacidad militante para crear alianzas, controlar y gobernar el territorio y sectores de la economía, sino también por su historia y por su resistencia multigeneracional. La mafia está incrustada en la sociedad y está es transferible a otra.

Para tratar de mutarse en la sociedad a través del tiempo y el espacio ignora la identidad, la cultura, y el tejido social, así como la psicología del entorno en el que surgió y prosperó. El profesor emérito y experto en temas de mafia Mike La Sorte describe la sociedad de la mafia y sus personajes la forma en que operan y se comportan:

"Un entorno de solidaridad de una banda criminal que debe ser coherente con el secreto y la desconfianza a los extraños. Los miembros de la banda son unidos por un sentimiento de honor y exclusividad. La solidaridad contiene un valor de la masculinidad y las normas de conducta que son sordas, pero entiende, un producto llamado en italiano: galantomismo (comportamiento caballeroso). Las disputas sobre el comportamiento inadecuado son adjudicadas a través del mecanismo de la parlatura (definición de diccionario: el que habla con facilidad y fecundidad). Las mejores palabras son las que no se dice, también en la forma velada en la que se puede expresar. Hay una tendencia a utilizar expresiones que son semánticamente torcidas, sin embargo, puede comunicarse bien un pensamiento sin una total transparencia." [6]

Tenemos otra muestra de cómo funciona la mafia en el Libro de Mormón con el fin de desestabilizar un gobierno, Amlici parece ejemplificar lo que LaSorte describió justo a la medida.

"Y aconteció que, al principio del quinto año de su gobierno, empezó a surgir la contención entre el pueblo, pues cierto hombre llamado Amlici —hombre muy astuto, sí, versado en la sabiduría del mundo, siendo de la orden del hombre que asesinó a Gedeón con la espada, y que fue ejecutado según la ley— Y este Amlici se había atraído a muchos con su astucia; sí, a tantos que empezaron a ser muy fuertes; y comenzaron a esforzarse por establecer a Amlici como rey del pueblo. Ahora bien, esto alarmó mucho a la gente de la iglesia, y también a todos aquellos que no habían sido atraídos por las persuasiones de Amlici; porque sabían que, según su ley, la voz del pueblo debía instituir aquellas cosas. Por tanto, si Amlici llegara a granjearse la voz del pueblo, dado que era un hombre perverso, los privaría de sus derechos y privilegios de la iglesia; porque su intención era destruir la iglesia de Dios. Y sucedió que se reunió el pueblo por toda la tierra, todo hombre según su opinión, ya fuera a favor o en contra de Amlici, en grupos separados,

[6] La Sorte, Michael 1985. Living in America. Philadelphia, Pa. Temple University Press

ocasionando muchas disputas y grandes contenciones entre unos y otros." (Alma 2: 1-5)

Amlici, no tuvo éxito en ser electo rey, pero mediante acciones subversivas condujo a muchos nefitas a una guerra civil, en donde Alma hijo el juez superior se enfrentó cara a cara contra Él. Su acción para los inconformes no pasó desapercibida, fue un toque magistral contra el gobierno establecido que tuvo muchos adeptos que siguieron su línea de critica que provoco feroces guerras, Amlici contaba con una base religiosa pues tenía sacerdotes y estos pertenecían a una Orden que se hacían llamar los seguidores de Nehor.

Primero fue el cuchillo. Luego vino la pistola. Después vino la bomba. Así fue la progresión de herramientas hechas por el hombre para matar a sus semejantes. La mafia no ha inventado ninguno de estos, sino que los perfecciona, en particular el uso de bombas para cometer asesinato. De estos tres métodos de matar, la bomba ha tenido una ventaja, hace mucho ruido, atrae mucha atención, y proyecta una imagen de poder y crueldad por parte de quienes lo utilizan.

Para las combinaciones secretas es necesario hacer hazañas que aterroricen la población, que cambien el sistema y que dejen en claro el mensaje, "No reconocemos este gobierno, el gobierno somos nosotros."

"Ahora bien, he aquí, os mostraré que no establecieron rey en la tierra; pero en este mismo año, sí, en el año treinta, destruyeron sobre el asiento judicial, sí, asesinaron al juez superior de la tierra. Y hubo división entre el pueblo, unos en contra de otros; y se separaron los unos de los otros en tribus,

cada hombre según su familia y sus parientes y amigos; y así destruyeron el gobierno de la tierra. Y cada tribu nombró a un jefe o caudillo para que la gobernase; y así se convirtieron en tribus y jefes de tribus. Y he aquí, no había hombre entre ellos que no tuviesen mucha familia y muchos parientes y amigos; por tanto, sus tribus llegaron a ser sumamente grandes. Y se hizo todo esto, y aún no había guerras entre ellos; y toda esta iniquidad había venido sobre el pueblo porque se había entregado al poder de Satanás.

Y fueron destruidos los reglamentos del gobierno, debido a las combinaciones secretas de los amigos y parientes de aquellos que habían asesinado a los profetas. Y causaron una fuerte contención en la tierra, al grado de que casi toda la parte más justa del pueblo se había vuelto inicua; sí, entre ellos no había sino unos pocos hombres justos." (3 Nefi 7: 1- 7).

El profesor La Sorte[7] describe al crimen organizado como un mundo interior, especializado, integrado por personas que rechazan los convencionalismos y que se encuentren así mismos seleccionando comportamientos que más se adapte a sus predisposiciones.

Estas predisposiciones, según Michael Bagley[8], "incluyen una ceguera moral, una aparente incapacidad para sentir los sentimientos morales como la culpa y la empatía". Eso lo tenemos claro con Amlici, el poder era su objetivo y su razón de existir.

---

[7] LaSorte, Mafia, 142

[8] Bagley, Bruce Michael, "*Globalization and Translational organized crime: The Russian Mafia in Latin America and the Caribbean.*" Miami, United States of America, November, 17, 2002.

Estas personas anti gobiernos[9] rechazan la existencia laboriosa, la monotonía diaria, las pequeñas ambiciones y los pocos placeres fugaces. No se impacientan, están dispuestos a ponerse una camisa de fuerza cultural, a esperar su turno para el futuro de recompensas, para ser controlados y restringidos por los valores de la comunidad, para seguir una cuidadosa preparación, a jugar limpio, ser respetuoso con los demás.

LaSorte describe el mundo gansteril en donde "Los líderes de la resistencia anti gobiernos que rechazan un aula de educación por una de las calles, no les gusta que les digan lo que piensan ni tolerar la asfixia de nueve de la mañana a cinco de la tarde de la rutina de trabajo y empresas. Su socialización se nutre de una personalidad totalitaria, un síndrome de personalidad rígida, que contrasta dramáticamente con una bella vista del mundo. No hay liberales pusilánimes entre los pertenecientes a sociedad y combinaciones secretas.

Sus temperamentos los conducirá a recompensas inmediatas, el presente siempre triunfa sobre el futuro. Una cepa de hedonismo se ejecuta a través de su composición donde el placer representa el bien supremo, una devoción a los sentidos carnales como lo más importante.

Esa necesidad se espera y alarde cuando se logra. Su ostentación es la intención de atraer la atención de la riqueza

[9] Estado Débil:" Capacidad institucional del Estado cualquiera que sea su forma de penetrar en la sociedad, de extraer fuente o regular conflictos dentro del mismo, específicamente el termino se refiere a la habilidad de las autoridades del Estado para gobernar legítimamente, para hacer cumplir la ley sistemáticamente y administrar justicia efectivamente en todas partes del territorio nacional.

como un símbolo de la posición superior. Ellos hacen un punto para elevarse por encima de la manada y haciendo a un lado a todos los que le impiden el paso. Percepción de falta de respeto de su persona alcanza el nivel de sensibilidad extrema a menudo con consecuencias negativas. La restricción moral está ausente. "El trabajo apesta" esto dice mucho de la mentalidad criminal. No es una cuestión de trabajo, el trabajo es importante en el mafioso que tiene que lidiar con sus propias presiones, es la naturaleza del trabajo. El trabajo del Gangster puede ser difícil y estresante, en contra de la concepción popular. El impulso de la gratificación inmediata es primordial. Aplazar una meta para el futuro de una posible recompensa mayor es despreciado. La estafa es el premio, y hacer peldaños a costillas de otro compañero es un logro satisfactorio, la prueba de su "Yo" superior de la concepción.[10]

Ser reconocido como un infractor, el mafioso logra una identidad desviada. El público está fascinado con el crimen por el acto en sí mismo, y su dimensión de estar sedientos de sangre. Se trata de un vistazo en el convencionalismo social. El acto criminal se presenta como auténtico, ataviado en sus orígenes, espontáneo, en comparación con los patrones normativos más rígidos respetados por la mayoría. El más audaz de la conducta, da más imaginación a nuestra fantasía. Un cierto grado de (no admitidos) causa admiración y logra adeptos e inadaptados sociales.

El perfil mafioso es rechazado por la sociedad educada, sin embargo, existe la envidia por el estilo de vida aparentemente

[10] LaSorte, Mafia, 142

emocionante, el rechazo de lo mundano, la sed de venganza contra aquellos que supuestamente han hecho daño, su arrogancia, sus fajos de billetes, todo eso pasa fácilmente.

Empresas Quebrada, Un Mal Negocio

Objetivo: convencer a un gobierno de que debe comprar empresas quebradas para evitar el desempleo y la baja de producción, se va a lograr que gran parte de los recursos públicos no se apliquen a obras de infraestructura o a proyectos que ayuden al progreso del país. El gobierno irá creando un sector que será un lastre e impedirá el progreso.

Forma de difusión: Por medio de teorías económicas esotéricas y complicadas, expuestas por alguna persona o institución que goce de prestigio, se puede convencer a políticos que no sepan de economía, de una aparente necesidad por parte del gobierno, de absorber empresas quebradas o próximas a quebrar, "para conservar fuentes de trabajo y mantener el ritmo de crecimiento del país".

Resultados: Se logran fallas estructurales en la industrialización de una nación, fallas que, a la larga, con otros factores, van a traer una quiebra total, debido a un sector que, en lugar de producir nuevos recursos para el país, absorbe los recursos ya producidos.

Comparación con el Libro de Mormón: En este contexto, tenemos que recordar que Satanás es el creador de las combinaciones secretas. El Libro de Mormón deja claro que las combinaciones secretas han existido desde el principio de los tiempos entre todas las naciones.

Estas organizaciones secretas están estrechamente aliadas con Babilonia en la búsqueda de poder y la riqueza y en la muerte de los santos de Dios. Moroni se lamentó de que las combinaciones secretas hayan destruido tanto los jareditas y a su propio pueblo, y advirtió que un destino similar aguarda cualquier nación que permite que estas combinaciones prosperen (véase Éter 8).

Es fácil encontrar una excusa para subsidiar empresas, organismos descentralizados y sectores enteros de la producción. Se puede argumentar, con bastante éxito, que por medio de los subsidios se está redistribuyendo la riqueza, manteniendo un nivel de producción e impulsando a industrias nuevas y necesarias. La verdad es que los subsidios nunca van a dar el resultado esperado; pero sí van a ayudar a devastar una economía floreciente y a procrear empresarios y trabajadores parásitos, a quienes no les interesa producir en forma eficiente.

Cuando los gobiernos civiles (los reyes de la tierra) fornican con la falsa religión, es decir, cuando la Iglesia y el Estado se unen, entonces el vino de su fornicación, hace que todos los borrachos del mundo, y sus pecados y plagas lleguen al cielo. La inmoralidad y la idolatría de la iglesia grande y abominable, junto con el poder de los estados civiles, dominan la economía y los estilos de vida de todas las naciones y destruye el equilibrio espiritual y el discernimiento de los seres humanos.

En contraste con la confusión entre los economistas sobre las causas del desarrollo económico, el Libro de Mormón ofrece una solución simple. Se enseña que la prosperidad económica depende de la condición espiritual de los individuos como lo demuestra su unidad, el cuidado y el intercambio voluntario. Alma el joven profeta, describió esta condición espiritual de los miembros de la Iglesia, que llevó a la prosperidad, sin subsidios de parte del sistema de gobierno prevaleciente.

"Y de conformidad con lo que tenía, todo hombre repartía de sus bienes a los pobres, y a los necesitados, y a los enfermos y afligidos; y no usaban ropa costosa; no obstante, eran aseados y atractivos. Y así dispusieron los asuntos de la iglesia; y así empezaron nuevamente a tener continua paz, a pesar de todas sus persecuciones.

Ahora bien, debido a la estabilidad de la iglesia, empezaron a enriquecerse en gran manera, teniendo en abundancia todas las cosas que necesitaban: una abundancia de rebaños y manadas, y toda clase de animales cebados, y también una abundancia de grano, y de oro, y de plata y de objetos preciosos en abundancia, y abundancia de seda y de lino de fino tejido, y de toda clase de buenas telas sencillas.

Y así, en sus prósperas circunstancias no desatendían a ninguno que estuviese desnudo, o que estuviese hambriento, o sediento, o enfermo, o que no hubiese sido nutrido; y no ponían el corazón en las riquezas; por consiguiente, eran generosos con todos, ora ancianos, ora jóvenes, esclavos o libres, varones o mujeres, pertenecieran o no a la iglesia, sin hacer distinción de personas, si estaban necesitadas. Y así prosperaron y llegaron a ser mucho más ricos que los que no pertenecían a su iglesia. (Alma 1: 27-31)

¿Qué pasó con esa solidaridad? ¿Cómo llegaron a confiar más en sus riquezas que en la estabilidad espiritual que les había traído satisfacción temporal? Siempre he sido de la opinión que las organizaciones criminales prosperan donde hay riqueza material. Importante e ignorado a menudo, son las ventajas que se obtienen a través del desarrollo de las relaciones con una mafia individualizada de más alto nivel, esos son los mafiosos llamados de cuello blanco.

El mundo de la delincuencia transnacional y el mundo de la gente normal son dos caras de una misma moneda; es más, se alimentan mutuamente. Aquello que creemos combatir fuera de nosotros se encuentra dentro de nosotros, en nuestra vida cotidiana, aunque no seamos conscientes de ello.

Para entender esta circunstancia elemental, basta con considerar que el crimen organizado ofrece una variedad de bienes y servicios ilegales a los consumidores que lo consienten. En cuanto a los bienes, proporciona drogas, seres humanos para la prostitución, la esclavitud y la explotación laboral, las armas y la pornografía en todas sus dimensiones.

En el sector de los servicios proporciona capital de inversión, gestión de residuos tóxicos ilegales y nocivos para el medio ambiente, facturación falsa para evadir impuestos y facilita, usando la violencia o la corrupción, la obtención de licencias y concesiones por parte de la autoridad pública. Los señalados sólo son algunos ejemplos entre los muchos sectores del extenso mercado de las actividades ilegales en todo el mundo.

El suministro de estos bienes y servicios ilegales es la resultante de la existencia de una fuerte demanda por parte de la sociedad. Los delincuentes existen y prosperan porque millones de ciudadanos quieren comprar bienes y servicios ilegales. Ellos son el espejo que refleja los vicios secretos de muchas personas comunes en los países más diversos del mundo. De esta manera, la mayor parte de la actividad criminal se puede calificar como un fenómeno de mercado regido por las leyes de la oferta y la demanda.

La demanda de bienes y servicios ofrecidos por la mafia ha tomado dimensiones macroeconómicas, que ya no se pueden controlar con las herramientas del derecho penal, como consecuencia de la globalización económica que ha ampliado extraordinariamente el número de consumidores finales de los productos ofrecidos. A propósito de las relaciones estructurales entre la dinámica del mercado global y el incremento de la delincuencia trasnacional, me limitaré a señalar dos ejemplos que atañen al mercado de las drogas y de la prostitución.

A finales de los años ochenta el mercado mundial de cocaína estaba limitado sólo a los países occidentales y ya estaba saturado, tanto que los precios de la droga se habían reducido para ponerla al alcance de nuevos consumidores en los segmentos más pobres de la población. Ahora la situación ha cambiado por completo, como resultado de la globalización al abrirse nuevos mercados con un gran potencial de consumidores que ya no importa la escala social, raza, situación económica, etc., Con ello vienen los otros tentáculos de esta bestia de diez cabezas para capturar y poner trampa a los incautos tal como lo enseña el Elder James E. Faust del Consejo de los doce apóstoles de La Iglesia de Jesucristo de los Santos de los Últimos Dias:

"No es sensato cultivar la curiosidad por Satanás y sus misterios. El acercarse al mal no depara nada bueno. Resulta muy fácil quemarse, como cuando se juega con fuego: "El conocimiento del pecado incita a cometerlo". El único camino seguro es el de mantenernos bien distanciados de él y de todas sus maldades y sus abominables obras. Las perversiones de adorar al diablo, hacer brujería, hechicería, vudú, realizar encantamientos, magia negra y toda otra práctica demoníaca deben evitarse a toda costa.

Sin embargo, el presidente Brigham Young (1801–1877) dijo que es importante "estudiar... el mal y sus consecuencias". Puesto que Satanás es el artífice de todo el mal que existe en el mundo, es esencial advertir que él es la fuerza motriz de la oposición a la obra de Dios. Alma declaró este hecho de manera concisa: "*...todo lo que es bueno viene de Dios; y todo lo que es malo, del diablo procede*". [11]

Esta relación simbiótica, es la unión de los mundos legítimos e ilegítimos para monopolizar el poder y lucro, que son partes integrales de lo que hace que la mafia tenga presencia penal única, es beneficioso para ambas partes, y en perjuicio de los demás, porque causa la corrupción oficial y penetración de la mafia en todos los sectores, en especial político y económico de la sociedad.

"Pues, ¿qué pastor hay entre vosotros que, teniendo muchas ovejas, no las vigila para que no entren los lobos y devoren su rebaño? Y he aquí, si un lobo entra en medio de su rebaño, ¿no lo echa fuera? Sí, y, por último, si puede destruirlo, lo hará." (Alma 5: 60)

---

[11] Liahona, 2007 enero, *Las fuerzas que nos salvarán*, Elder James E. Faust

El lobo hambriento, puede significar alguien con ansias de poder adquisitivo, codicioso, depredador, explotador, esos son los lobos rapaces. "Con dinero se puede comprar todo en este mundo". Esta es la filosofía de Satanás. El oro, la plata, petróleo, uranio, etc., es la razón de las guerras de la mayoría de los países. Falsos profetas, tiranos, reyes y marinas que oprimen al pueblo, todos van por lo más preciado en cuanto a cosas materiales, oprimir al pobre.

Sobre el sistema económico de las naciones que habitaron América tenemos información específica del uso corriente de las monedas, es necesario echar un vistazo a esto: *"Y éstos son los nombres de las diferentes monedas de su oro y de su plata según su valor; y los nombres provienen de los nefitas, porque no contaban según el modo de los judíos que vivían en Jerusalén; ni medían como lo hacían los judíos, sino que habían alterado su modo de contar y medir, de acuerdo con la voluntad y circunstancias del pueblo en cada generación, hasta el gobierno de los jueces que fueron establecidos por el rey Mosíah*." (Alma 11: 4).

El profesor John W. Welch aclara "En respuesta a este problema general que los antiguos reyes a menudo dirigían la normalización o frenos en la inflación en sus economías. Los decretos reales ofrecen la principal esperanza para la estabilidad económica. En efecto, el rey Mosíah después de haber puesto en marcha un nuevo sistema estandarizado de pesos y medidas, sin duda, estimuló la economía nefita. A partir del primer año del gobierno de los jueces, en el libro de Alma capítulo uno, la gente de Zarahemla comenzó a contar su riqueza, la acumulación de riquezas, y distinguir a los ricos de los pobres. Si bien las diferencias de clase y las condiciones económicas sin duda habían existido entre los ricos y los pobres en la sociedad nefita en años anteriores, un cambio dramático en la conciencia de la riqueza y la riqueza entra en el registro, comenzando precisamente con el comienzo del reinado de los jueces al comienzo del libro de Alma. Estas reacciones son exactamente lo que cabría esperar de una sociedad, disfrutar y adaptarse a la utilización y explotación de un nuevo sistema financiero."[12]

Hugh W. Nibley[10] enseña que "La sociedad nefita no se quedó estática, rígida, inflexible, o poco realistas en su sistema monetario. Se dice que cambió su dinero para adaptarse a las circunstancias y los tiempos. Cada nación tiene diferentes unidades monetarias. El intercambio hace posible un montón de travesuras para hacer dinero en el mercado. Este fue el sistema creado por el rey Mosíah. Dado que la nueva Constitución no se trata de lo que habían hecho, sino que se habían adaptado el dinero. Tenían un sistema que se desarrolló de siete en siete en lugar de cinco y diez, o seis y doces, como el [sistema] inglés hace, o el sistema decimal como la usamos. Se corrió en siete parejas, y Richard Smith señaló que era el mejor sistema posible que pueda concebirse. Se utilizó la menor cantidad de monedas de todas las operaciones necesarias. Si quieres saber un sistema que se utilice una cantidad mínima de monedas y ahorrarse un montón de problemas, este es el sistema"[13].

[12] Weighing and Measuring in the Worlds of the Book of Mormon, John W. Welch, Journal of Book of Mormon Studies: Volume - 8, Issue - 2, Pages: 36-46, Provo, Utah: Maxwell Institute, 1999

[13] Lecture 48: Alma 10-12, Hugh W. Nibley. Provo, Utah: Maxwell Institute

El dinero lleva mucho tiempo representando un papel simbólico clave para los gobiernos, útil (al igual que las banderas, los himnos o los sellos de correos) como medio de cultivar un sentido especial de identidad nacional. Pero ese papel crítico se ve minado en la medida que una moneda local pueda llegar a verse desplazada por una divisa extranjera más popular, especialmente una moneda como el dólar estadounidense, que tanto se emplea a diario.

Al mundo se le recuerda constantemente el alto lugar ocupado por EEUU en la comunidad de las naciones. Como escribió en su día el Premio Nobel Robert Mundell[14], "las grandes potencias tienen grandes monedas" (1993: 10). De hecho, el dólar se ha convertido en un poderoso símbolo de la supremacía estadounidense, un ejemplo de lo que el politólogo Joseph S. Nye (1990)[15] denominó "potencia suave" (soft power): la capacidad de ejercer una influencia mediante la determinación de creencias y percepciones. Aunque obviamente resulta difícil de cuantificar, el papel de la reputación en geopolítica no debería subestimarse.

Con la mafia se activaron sistemas de economía capaces de mover capitales que superan los ingresos fiscales de toda una nación. Esta estructura ha tenido costos negativos sobre valores profesionales fundamentales. El abogado de mafiosos busca escalar posiciones de poder político que le aseguren tener influencia en las decisiones de las cortes de justicia.

---

[14] Mundell, Robert A. (1993): 'EMU and the International Monetary System: A Transatlantic Perspective', Working papers

[15] Nye, Joseph S. Jr. (1990): 'Soft Power', Foreign Policy 80 (Fall), pp. 153-171.

Tras la invasión de Rusia a Ucrania el 24 de febrero de 2022 y las sanciones impuestas por la Unión Europea y Estados Unidos junto a otros países, el Banco de Rusia respondió con medidas que protegieran su economía. Son estas, según los expertos consultados por Newtral.es, las que explican la recuperación de la cotización del rublo frente al dólar. Josep Lladós[16], señala que hay factores de política económica interna y otros a nivel internacional. "Los internos tienen que ver con la intervención del Banco de Rusia en los mercados financieros y política de control de capitales", afirma.

Rusia exporta petróleo y gas natural y, en lo que se refiere a la UE, Estados Unidos, Canadá y las economías occidentales, quería cobrar esas exportaciones en rublos. "Pero incluso aunque no las estemos pagando en rublos la expectativa de que se acaben pagando hace que el rublo sea más atractivo para los inversores internacionales", señala el experto economista Llados. A esto, que ayuda a la recuperación del rublo, se suma las ventas que le hace a países como la India o China, "una entrada de divisas que lo que hace es reforzar el rublo y con la subida de precios más aún", señala el profesor.

El Libro de Mormón, Alma hijo, cuenta sobre la intención de los abogados contratado por el Estado y para el Estado *"Ahora bien, era con el único objeto de lucrar, pues les pagaban según sus servicios, por lo que incitaban a la gente a motines y a toda clase de desórdenes y maldades, para tener más trabajo con objeto de obtener dinero, de acuerdo con los*

[16] Josep Lladós, experto en economía internacional y profesor en la Universitat Oberta de Catalunya (UOC)

litigios que les eran presentados; por tanto, agitaron al pueblo contra Alma y Amulek." (Alma 11: 20)

Esta ventaja que pretendía imprimir Zeezrom el abogado que pertenecía al grupo de mafiosos zoramitas sobre Alma y Amulek era de carácter psicológico, es la adquisición del estatus y el prestigio que van unidos al dominio del mercado, él era uno de esos abogados de la mafia, que sabía los vericuetos caminos de la ley.

Cuando se forma a un abogado se deforma a un gobernante. En países latinoamericanos la carrera del político no es la ciencia política, sino el derecho. Desde los ochenta, sin embargo, la reputación de los abogados ha dependido de cuán cerca se encuentren de la mafia en todas sus manifestaciones: testaferrato, sobornos, titulación de tierras o lavado de activos.

Desde los abogados de Pablo Escobar el infame capo colombiano que pretendía una revolución para favorecer a los menos privilegiados, la tendencia predominante ha sido obtener ventajas de las carretas cargadas de dólares y los cientos de propiedades fantasmas que poseen las organizaciones criminales.

México siguió los pasos de Colombia. Pero solamente en el terreno de la penetración de los cárteles de la droga en el edificio del poder. Pero no en cuanto a la estrategia para combatirlos. Al menos hasta ahora. Porque lo que se hace resulta totalmente insuficiente. Por eso mismo el balance es que la dichosa guerra está perdida. Porque solo hay miles de muertes en las calles, y los cárteles siguen igual o peor.

Ahora, los mafiosos acusados en los juicios suelen contratar a abogados penales de alta potencia para que los represente, a la vez utilizan los servicios de detectives privados con el fin de recopilar toda la información sobre los jurados y testigos potenciales de la Fiscalía. Estos investigadores recurren a una variedad de tácticas para obtener dicha información, que incluye hacer llamadas telefónicas a los familiares y allegados de las personas afectadas, especialmente los afectados por el divorcio, que puede tener un interés personal. Tales detectives privados también han sabido hacerse pasar por "periodistas de investigación free-lance", como un medio para obtener información negativa sobre las personas, e incluso utilizar el truco de larga tradición de robar la basura de una persona, que revela mucho acerca de una persona y lo que está pasando dentro de la privacidad de su hogar.

Mucho o poco, el caso es que la penetración en el sistema político ha permeado a partir de la corrupción en todo el sistema de justicia en Honduras, México, El Salvador, Nicaragua, Guatemala, Costa Rica y Panamá los políticos han usado las estructuras del gobierno para consolidar su poder, y hacer que eso gobiernos algunos legítimos, pero no legales, y otros ilegales pero legítimos conviertan feudos para la mafia en todas sus dimensiones.

La revista Insight Crime[17] dibuja el panorama de Honduras "Si bien las élites gobernantes de Honduras no

[17] Geoffrey Ramsey, "Departure of Honduras security minister a victory for corrupt cops," InSight Crime, 12 de septiembre de 2011. Disponible en: https://www.insightcrime.org/news-analysis/departure-of-honduras-security-minister-a-victory-for-corrupt-cops

comparten un mismo origen o una base económica con sus contrapartes de otros lugares de la región, sí comparten la misma inclinación que tienen sus vecinos de emplear al Estado para sus propios fines, y de empobrecerlo sistemáticamente. Durante años, tanto las élites tradicionales como las transnacionales han utilizado al ejército y a la policía para proteger sus tierras y compañías; se han beneficiado de la venta de terrenos y empresas públicas; y sus múltiples negocios han sido exonerados del pago de impuestos. Además, han saqueado los recursos del Estado y, a medida que el gobierno le ha dado mayor importancia a la economía, se han aprovechado de ello para generar más capital. Su dependencia del Estado ha abierto el camino para el surgimiento de un tercer tipo, que llamaremos élites burocráticas, las cuales han desarrollado sus propias bases de poder debido a las posiciones que ocupan en el gobierno."

En México[18] se encuentran las organizaciones criminales más grandes, sofisticadas y violentas del hemisferio. Estas organizaciones han surgido de su larga historia de contrabando y de su proximidad a Estados Unidos, la mayor economía del mundo, para convertirse en una amenaza regional. Sus redes se extienden desde Argentina hasta Canadá e incluso Europa. Trafican con drogas ilegales, bienes de contrabando, armas y personas, y lavan sus ganancias a través de cambistas, bancos regionales y locales y proyectos económicos. Su armamento, entrenamiento y táctica se han vuelto más sofisticados con la intensificación de los esfuerzos del gobierno mexicano por combatirlos. El aumento de la presión respecto a la seguridad ha causado un cambio dramático en el hampa mexicana, pues la

[18] https://es.insightcrime.org/noticias-crimen-organizado-mexico/mexico/

caída de numerosos jefes de la droga ha precipitado la fragmentación de carteles monolíticos en gran número de grupos escindidos. Estos grupos tienen un alcance más local que sus antecesores y se basan en un portafolio criminal más diverso para generar ingresos ilícitos.

Ese es el trasfondo, cuando el narco reclama protección. Luego viene la ambición por el dinero fácil. Deviene la participación directa. Y de ahí toma todas las formas posibles después. Vienen los políticos metidos al narco y los narcos infiltrando la política. Anida la narcopolítica. El tráfico de intereses, o su cruzamiento. Crece el peligro: el narcotráfico instala sus redes en el citado edificio señalado por el profeta Lehi en su sueño como "*grande y espacio que parecía erguirse en el aire, a gran altura de la tierra. Y estaba lleno de personas, tanto ancianas como jóvenes, hombres, así como mujeres; y la ropa que vestían era excesivamente fina; y se hallaban en actitud de estar burlándose…*" [énfasis agregado] (I Nefi 8:26 - 27).

Comprar empresas quebradas por parte del Estado como sucede en Venezuela donde las empresas a las que el Gobierno apunta para asociarse están generando interés. Los empresarios locales desconfían por los años de mal mantenimiento bajo la supervisión del Estado y temen a nuevas nacionalizaciones. El presidente Nicolas Maduro, dice que ha reducido las asignaciones para algunos Gobiernos estatales y locales durante la crisis, les ha otorgado margen de maniobra para asociarse con empresas locales para generar ingresos.

El Gobierno nunca ha publicado el número de propiedades que ha incautado a lo largo de los años. Pero un estudio de la cámara industrial nacional Conindustria dijo que un total de 1.322 granjas de ganado, tiendas de alimentos, compañías eléctricas, molinos, fabricantes de vidrio, bancos, supermercados e instalaciones de almacenamiento en frio fueron expropiadas entre 2002 y 2015. Muchas dejaron de existir y solo quedan unas 700. La mayoría de sus antiguos propietarios aún esperan una compensación o están involucrados en un litigio con la esperanza de recibir un pago, según un estudio de Transparencia Internacional de 2019. Algunos analistas señalan que lo que está sucediendo en Venezuela tiene precedentes en otros Estados autoritarios de izquierda. "Este proceso es similar al proceso de privatización en Rusia en que los activos se transfieren a empresas locales privadas y a inversionistas de países aliados al Gobierno",[19]

[19] https://www.portafolio.co/internacional/venezuela-cede-a-privados-y-en-quiebra-empresas-que-expropio-549117

Gastar Más De Lo Que Se Recibe

Objetivo: Así como una persona, un gobierno tiene un límite en sus gastos, y cuando gasta más allá de sus posibilidades y de su capacidad de contraer deudas, tarde o temprano fracasará, es conveniente, para encaminar a un país al desastre, hacer que su gasto sea mayor que sus ingresos.

Forma de difusión: Mediante algunos sofismas económicos, que a primera vista tienen el aspecto de verdaderos, se puede convencer a un gobierno de que es necesario que gaste lo más que pueda; de que todo gasto creará empleos y poder de compra.

Resultados: La política del derroche público ha traído consecuencias negativas en todos los países en donde se ha aplicado. Aunque a corto tiempo da la impresión de una bonanza económica, inevitablemente terminará en una situación peor de la que se trató de resolver, y llevará al país fatalmente al caos económico.

Comparación con el Libro de Mormón: Nuevamente el profeta Alma, pone el dedo en la llaga, al ver la desigualdad producida por la riqueza, la opresión del pobre, la falta de caridad del rico con sus hermanos.

En realidad, lo que sucede es que cualquier gasto del sector público o privado que no da frutos, trae como consecuencia un desgaste de los recursos del país, la disminución en el poder de compra de todos los habitantes, e impide la creación de fuentes de trabajo en otros campos de la producción. Cada empleo improductivo que crea un gobierno, corresponde a un empleo que deja de crear una empresa eficiente; cada peso que gasta inútilmente un gobierno, es un peso que deja de gastar un ciudadano.

¿Por qué os adornáis con lo que no tiene vida, y sin embargo, permitís que el hambriento, y el necesitado, y el desnudo, y el enfermo, y el afligido pasen a vuestro lado, sin hacerles caso? (Mormón 8:39)

Por lo tanto, no gastéis dinero en lo que no tiene valor, ni vuestro trabajo en lo que no puede satisfacer. (2 Nefi 9:51)
"Mas he aquí, si un hombre llegare entre vosotros y dijere: Haced esto, y no hay mal; haced aquello, y no padeceréis —sí, dirá: Andad según el orgullo de vuestros propios corazones; sí, id en pos del orgullo de vuestros ojos, y haced cuanto vuestro corazón desee—; y si un hombre viniere entre vosotros y dijere esto, lo recibiréis y diréis que es profeta. Sí, lo engrandeceréis y le daréis de vuestros bienes; le daréis de vuestro oro y de vuestra plata, y lo cubriréis con vestidos suntuosos; y porque os habla palabras lisonjeras y dice que todo está bien, no halláis falta alguna en él." (Helamán. 13:27-28)
"He aquí, soy Giddiani; y soy el caudillo de esta sociedad secreta de Gadiantón; y sé que esta sociedad y sus obras son buenas; y son de fecha antigua y nos han sido transmitidas." (3 Nefi 3:9).

La sociedad nefita parece haber colocado un gran valor económico en cosas de poco valor intrínseco o práctico: oro, plata, piedras preciosas, perlas y telas finas. Lo que motivó el precio más alto de consumibles y cosas tangibles.

Esto, sin embargo, significó que la riqueza puede ser fácilmente perdida o destruida, devaluada o inutilizada, movida o robada, enterrada en tumbas, o que se consume en celebraciones rituales, dejando al pueblo sin los marcadores de la riqueza y contribuir de nuevo a la volatilidad de sus economías.

Sin tener mucho conocimiento sobre la economía de mercado contemplo lo que paso en la crisis financiera y económica del 2008 y que hoy 2022 todavía estamos pagando la factura, algo que se vio por gastar en aquellos objetos que no tiene valor.

Jamás, sin embargo, se menciona la tierra como base de la riqueza en El Libro de Mormón. Tal vez porque la tierra era abundante por lo que era de poco valor comercial, o tal vez fue, básicamente, inalienable, que es propiedad del pueblo, la tierra por otra parte, la gente probablemente la consideraba como perteneciente a Dios o para toda la comunidad, no a particulares, y por lo que no se distinguía la clase alta de los pobres.

Los atentados terroristas de 2001 por Al Qaeda ideados por Bin Laden[20] y la crisis que se produjo en ese año, uno de los

[20] Osama Bin Laden Nació en Riyad, en el barrio de Al-Malaz, Yeda, Arabia Saudí, en el seno de una familia de origen yemení. Hijo del humilde estibador que logró convertirse en el mayor contratista de obras de Arabia Saudí. El padre de Osama Bin Laden, el jeque Muhamad Bin Ud Bin Laden, ingeniero y arquitecto según algunas fuentes, simple campesino según otras, dejó su provincia natal de Hadramut, en el centro de Yemen, a principios de los años veinte. Al parecer, se instaló en Hedjaz (Arabia Saudita) en 1932. Allí hizo fortuna y destacó como un hombre de negocios riguroso y honesto. Su madre, según se dice, no era la esposa favorita de Muhamad Bin Laden, quien tuvo 54 hijos con 11 esposas. El joven Osama se educó en los mejores colegios e institutos

esfuerzos principales del gobierno norteamericano consistió en evitar un estancamiento prolongado de la producción y la creación de condiciones para el reposicionamiento de la economía.

Sobrevino la invasión a Irak y Afganistán y con ello la economía de guerra que tenía como propósito alentar la producción mundial, y en particular la de Estados Unidos. Como segunda medida fundamental el gobierno dio paso con la explosión de la burbuja inmobiliaria estadounidense en 2005 tras un largo período de incesante incremento de los precios de las viviendas. Por aquel entonces, el número de familias que podía pagar una hipoteca había aumentado. Los prestamistas habían empezado a llevar a cabo una práctica llamada crédito 'subprime', que consistía en hacer préstamos a gente que normalmente no podría acceder a una hipoteca para una casa por existir mayor riesgo de impago.

Las hipotecas 'subprime' comenzaban con un bajo interés los primeros años para luego elevarse drásticamente. En muchas ocasiones, a los prestatarios no se les explicaban todos los riesgos y se les decía que podrían refinanciar la hipoteca en unos años para mantener las tasas de interés bajas. Los economistas advirtieron de los peligros, pero, en general, nadie en los EE UU quería interrumpir el ambiente de fiesta que rodeaba a la burbuja

---

docentes del mundo árabe. En 1979, tras finalizar los estudios en la Universidad de Jedda, pasó a formar parte de la plantilla de ingenieros de la empresa familiar. Pero su trayectoria profesional quedó truncada en diciembre del mismo año, cuando el Ejército Rojo ocupó Afganistán. Osama abandonó la empresa para integrarse en el movimiento armado que combatía la presencia militar rusa. En 1980 empieza a reclutar guerrilleros proafganos y establece sus primeros campamentos.

inmobiliaria. Todo el mundo parecía estar ganando dinero, tanto las empresas de construcción como los agentes inmobiliarios y las compañías de materiales; y los consumidores eran felices: tenían casa propia por primera vez en sus vidas. La industria se encontraba en gran parte al margen del gobierno estadounidense tras décadas de firme desregulación por parte del partido republicano.

Según el periodista Dave Keating[21] en 2005-2006 llegó la hora de pagar el pato. Las tasas de interés de las hipotecas 'subprime' se dispararon y muchos de los nuevos propietarios no podían pagarlas o refinanciarlas. La crisis tendría que haberse quedado en los propietarios de viviendas estadounidenses, pero, desafortunadamente, tanto los bancos como los prestamistas de estos asuntos habían traspasado la deuda a los inversores. Los activos de la deuda se repartieron y se vendieron a otros inversores y a bancos de todo el mundo en complicados paquetes financieros que poca gente parecía entender del todo. Durante 2007, casi un 1,3 millón de viviendas estadounidenses fueron sujeto de actividades financieras, un 79% más que en 2006.

Cundió el pánico: nadie parecía tener ninguna idea de quién era el dueño de estas deudas 'inútiles', extendidas por todo el sistema financiero mundial. De repente, los bancos ya no estaban dispuestos a hacer más préstamos, lo que resultó en una crisis de crédito o credit crunch; es decir, un período en el que hay poca liquidez (dinero en efectivo) en el sistema porque nadie está prestando. Las pérdidas empezaron a acumularse. En julio de 2008, los bancos y las principales instituciones financieras de

[21] Keating, Dave. The 2008 economic crisis explained Published on October 7, 2008

todo el mundo anunciaron pérdidas de alrededor de 435.000 millones de dólares.

Los gobiernos han tenido que rescatar a estas instituciones por miedo a lo que su colapso podría significar en la economía general. Entre estas instituciones se encuentran Freddie Mac y Fannie May en EE UU, el gigante de los seguros AIG, Northern Rock en Reino Unido y Fortis y Dexia en Bélgica. Estas bancarrotas anticipadas han movido al gobierno estadounidense a preparar un plan de rescate de 700.000 millones de dólares para estar preparados en caso de quiebra y es posible que Reino Unido esté preparando algo similar.

Endeudar Al País

Objetivo: Todos los países que ahora son potencias, han necesitado la ayuda de otros, pero han usado los préstamos en crear empresas productivas.

Forma de difusión: Se debe propiciar la creencia de que los préstamos logrados son un signo de la confianza que tiene el país acreedor en el país deudor, y debe aparecer como un éxito de éste el haberlo obtenido.

Resultados: En poco tiempo gran parte de los impuestos de los ciudadanos será destinado al pago de intereses al país acreedor, y se formará un círculo vicioso entre préstamos y pago de intereses, que asegurará un freno al avance del país y su dependencia respecto del exterior.

Comparación con el Libro de Mormón: El inicio de las actividades comerciales entre nefitas y lamanitas.

Para que la labor de demolición de una economía sea efectiva, es necesarios que los préstamos se usen para subsidios y mantener en operación empresas quebradas u obras improductivas, lo que asegurará un mayor endeudamiento posterior, ya que las inversiones hechas con los préstamos no producirán ni para cubrir los intereses.

"Y he aquí, hubo paz en toda la tierra, de modo que los nefitas iban a cualquier parte de la tierra que querían, ya fuera entre los nefitas o los lamanitas. Y aconteció que también los lamanitas iban a donde querían, bien fuese entre los lamanitas,

o entre los nefitas; y así tenían intercambio libre los unos con los otros, para comprar y vender, y para sacar utilidades, según sus deseos. Y sucedió que tanto los lamanitas como los nefitas se hicieron sumamente ricos; y tenían gran abundancia de oro, y de plata, y de toda clase de metales preciosos, tanto en la tierra del sur como en la tierra del norte. ... Y he aquí, había en ambas tierras toda clase de oro, y de plata, y de minerales preciosos de todo género; y había también ingeniosos artífices que trabajaban y refinaban toda especie de minerales; y de este modo se hicieron ricos. Cultivaron grano en abundancia, tanto en el norte como en el sur; y prosperaron sobremanera, así en el norte como en el sur. Y se multiplicaron y se hicieron sumamente fuertes en la tierra. Y criaron muchos rebaños y hatos, sí, muchos animales gordos. Y he aquí, sus mujeres trabajaban e hilaban, y elaboraban toda clase de telas, de lino finamente tejido y ropa de toda especie para cubrir su desnudez." (Helamán. 7:7-9, 11-13)

John W. Welch señala oportunamente que los altibajos de la economía nefita fácilmente captan la atención de la mayoría de los lectores al leer por primera vez el Libro de Mormón.

"De un año a otro, los nefitas podían ir de abundantes riquezas a la más abyecta pobreza, y con la misma rapidez que podría aumentar de nuevo de la pobreza humillante a la prosperidad de ricos. ¿Por qué su economía era tan volátil?

Un gráfico de los vaivenes económicos de los nefitas se parece a una montaña rusa. Sus ciclos son irregulares, y sus fluctuaciones son a menudo rápidas y extremas, que van desde las épocas de turbulencia y agitación a largos períodos de paz y prosperidad. Por ejemplo, el decimoquinto año de los jueces vieron la guerra extrema (véase Alma 28:2), mientras que el año XVI y XVII, la paz profunda (véase Alma 30:5). A través de los años sesenta se vio a los nefitas perder la mitad de la totalidad de sus valores (véase Helamán 4:10-12), sin embargo, el sesenta y tres años era excepcionalmente próspero para lo que el historiador nefita considero un "largo" tiempo (Helamán 6: 9, 17), sin embargo, los problemas se desarrollaron ya en el año sesenta y siete, y sólo cinco años después de que no había hambre y la pobreza extensa (véase Helamán 11:4-5).

La economía nefita tenía una base agrícola muy simple. La gente moderna se le hace fácil olvidar cuán expuestos y vulnerables eran los agricultores antiguos. Arados y otros implementos eran primitivos o inexistentes, los agricultores no tenían fertilizantes comerciales o pesticidas, y la rotación de cultivos era rara, por lo que pronto se convirtió en suelos agotados. Con riego deficitario, el éxito de los cultivos depende de las condiciones climáticas de una estación a otra.

Asi, cuando Abinadí emitió las maldiciones siguientes en el nombre del Señor, planteó serias amenazas de preocupación constante: "*Y acontecerá que enviaré granizo entre ellos, y los herirá; y también serán heridos por el viento oriental; y los insectos también abrumarán sus tierras y devorarán su grano.* " (Mosíah 12:6), y cuando Nefi cerró los cielos en el año setenta y dos de los jueces, de inmediato comenzó una gran hambre de cuatro años

"*Y sucedió que en este año Nefi clamó al Señor, diciendo: ¡Oh Señor, no permitas que este pueblo sea destruido por la espada!*

Más bien, ¡oh Señor!, haya hambre sobre la tierra para hacerles recordar al Señor su Dios, y tal vez se arrepientan y se vuelvan a ti. Y así fue hecho, según las palabras de Nefi. Y hubo un hambre muy severa en la tierra, entre todo el pueblo de Nefi. Y así continuó el hambre en el año setenta y cuatro; y cesó la destrucción por la espada, pero se agravó por causa del hambre. Y continuó esta obra de destrucción también en el año setenta y cinco; porque la tierra fue herida de modo que quedó seca, y no produjo grano en la época del grano; y toda la tierra fue herida, así entre los lamanitas como entre los nefitas, de modo que fueron afligidos a tal grado que perecieron por millares en las partes más inicuas del país." (Véase Helamán 11:3-6). En los pueblos pequeños, de agricultura simple, poniendo la semilla en la tierra cada año fue un acto de fe, para la cosecha fue siempre una incertidumbre."[22]

Obviamente, el gobierno hizo poco para regular la economía en la sociedad nefita. La moneda era relativamente simple, como en la mayoría de las economías antiguas, que tomó el decreto de un rey para establecer un sistema de pesos y medidas (véase Alma 11:4), y puede ser arbitrariamente cambiado con cada nuevo gobierno. No hubo poder central o de la burocracia para organizar y proteger a la acumulación de la riqueza, excepto tal vez para el beneficio de unos pocos grupos corruptos. No hay indicadores económicos que fueron controlados, no se dispone de previsiones económicas. Nadie tenía la capacidad para controlar o manipular la oferta y la demanda, no existía deuda nacional. No hay bancos, la Reserva

[22] Research by John W. Welch, 1993; discussed at a FARMS brown bag lecture

Nacional, o de otras instituciones que estaban allí para estabilizar y proteger la economía. La superstición acerca de los días buenos y malos impulsó las decisiones económicas con mucho más sentido para los negocios.

Los escándalos sobre la falta de transparencia de las grandes empresas –engaño, en definitiva-- que han acaparado la atención de la prensa, especialmente a partir de principios del año 2002, han puesto en evidencia una lamentable práctica de ocultación y manipulación por parte de sus directivos. No podemos decir que este tipo de fraudes sean una novedad porque no sería cierto. Han existido siempre y existirán, aunque los criterios al uso para juzgarlos, en cada época, han evolucionado al compás del desarrollo del Estado de derecho, la democracia, la ética y la moral.

Ante cada situación, la sociedad va creando instrumentos adecuados para impedir unos comportamientos que perjudican a la confianza, tan necesaria para al buen funcionamiento de la actividad económica.

El caso Enron es una muestra interesante de cómo endeudar el país. Un tema muy adecuado para los tiempos que vivimos. Es imprescindible recordar hechos históricos para analizar mejor los acontecimientos actuales.

¿Quién controla a los Auditores? El "contubernio" está completo de esta forma: directivos de Enron, políticos agradecidos, consultores amañados. De esta forma este grupo manipulaba mientras pudo el entorno económico a su favor, los políticos adecuaban las leyes y los controles, los directivos marcaban la estrategia del beneficio infinito y realizaban el reparto dentro del contubernio, y los auditores convencían a los mercados de los excelentes resultados y la envidiable situación económica y de poder de mercado de Enron.

Mi pregunta es, ¿Cuantos "Contubernios" de este tipo hay en el mundo? y que podemos hacer para minimizar sus perversos efectos. Porque una vez destapados algunos de estos contubernios, las cosas siguen igual, y los imputados siguen manteniendo su poder económico y político.

El profesor Gustavo Lahoud[23] explica la Quiebra de Enron, una empresa que tardó apenas 24 días en pasar de un valor de 70.000 millones de dólares, a poco más de 100 millones de dólares. ¿Cómo se consigue este milagro de rebajar el valor de las acciones al 0,2% de su valor inicial en cosa de días? Muy simple: con la contabilidad creativa y la magia de los mercados desregulados.

Enron fue uno de esos milagros que, en apenas un par de años, pasó de ser una empresa convencional de gas en Texas, a participar en gran parte del mercado energético mundial, y a ser el sexto grupo empresarial de Estados Unidos, de acuerdo al ranking de la revista Fortune. Comprender cómo una empresa logra desarrollar un negocio tan grande y en tan corto tiempo es complicado hasta para las propias compañías auditoras. Pero lo

[23] Este material corresponde a la versión original del trabajo de investigación realizado por Gustavo Lahoud sobre el caso Enron. La versión definitiva y actualizada podrá ser consultada en el Documento de Trabajo del IDICSO titulado La crisis de la energía en la escena geopolíticamundial. Notas sobre las contradicciones del modo de producción capitalista, de Ricardo De Dicco y Gustavo Lahoud (Jun2003), capítulo 2: "La crisis energética en California: el caso Enron".

más dificil es desentrañar la madeja de ocultamiento de deudas en empresas fantasmas que apelaban a lo que Ronald Reagan (que aparece en este documental cuando inaugura la desregulación global, en 1981 llama "la magia del mercado".

Ricardo de Dicco en el mismo libro menciona a "Enron que nació en 1985 y la historia de poder y ambición de los tres mosqueteros de Enron, Jeffrey Skilling, Kenneth Lay y Andrew Fastow (los chicos más listos de la sala), está muy ligada al Estado de Texas. Parte de su control del mercado se basó en las generosas donaciones al mundo político, por más de 6 millones de dólares. El gobierno de George W. Bush supo compensar los favores de Kenneth Lay, al tenerlo como asesor energético, aunque Lay había hecho esfuerzos para ser ministro. Sin embargo, Enron gozó de contados privilegios como el lanzamiento, a fines de 1999, de Enron Online, un sistema de transacciones globales en internet que permitía realizar transacciones en línea, y en todo el mundo.

En solo dos años, la plataforma de comercio electrónico de Enron[17] llegó a realizar 6.000 transacciones diarias por un valor de 2.500 millones de dólares, toda una burbuja paralela y camuflada con la de las puntocom. Esto estimuló en Jeff Skilling la idea de la contabilidad creativa y en Andrew Fastow el desarrollo de empresas mágicas para ocultar, en principio, las ganancias fraudulentas generadas por la manipulación de precios que conseguían por la vía del Valor Futuro Hipotético (VFH), el invento de Skilling que le reportó cientos de millones de dólares de ganancias en el período de las vacas gordas."[24]

[24] La crisis de la energía en la escena geopolítica mundial. Notas sobre

El caso Enron nos ayuda a comprender las operaciones que están en la génesis de una burbuja especulativa y la cadena de fraudes que corroe el sistema hasta que este colapsa. La quiebra de Enron dejó a 20.000 personas sin trabajo, y con 2.000 millones de dólares en pérdidas de pensiones y jubilaciones no pagadas.

El caso Madoff. ¿Quién era Bernard Madoff? Comenzó en el mundo de la inversión con un capital de US$ 50.00 dólares en 1960, que según él provenían de su trabajo como guardacostas y de instalador de dispositivos de extinción de incendios.

Tal como lo describe Germa Alarco[25] en su libro Crisis: Bernard Madoff llegó a formar parte de la NASD (National Association of Securities Dealer), organización autoreguladora de los mercados financieros y que tuvo un papel importante en la creación del NASDAQ. Bernard incluso llegó a ser coordinador jefe.

Su firma de inversión, Madoff Securities es un broker-dealer autorizado, registrado y supervisado por la SEC y está autorizado como investment advisor por la Financial Industry Regulatory Authority (FINRA) de los Estados Unidos.
Con la brillante carrera de Bernard, la seguridad que ofrecía una entidad autorizada y regulada, unas flamantes oficinas en

---

las contradicciones del modo de producción capitalista, de Ricardo De Dicco y Gustavo Lahoud (Jun2003), capítulo 2: "La crisis energética en California: el caso Enron

[25] Crisis: análisis y perspectivas de la crisis económica mundial. Germán Alarco - 2009

Manhattan y una no despreciable actividad filantrópica del señor Madoff, fueron bastantes los que decidieron invertir en Madoff Investment Securities.

El jueves 11 de diciembre del 2008, Bernard fue detenido por haber estafado hasta 50.000 millones de dólares usando el Esquema Ponzi o estafa piramidal, es decir, pagando los beneficios de los clientes con lo que sacaba de los nuevos clientes.

Probablemente la estrategia inicial no fuera esa, y simplemente empezó como una forma de tapar pérdidas que se prolongó en el tiempo viendo que era factible y que no pasaba relativamente nada. Y digo relativamente porque no contaba con que en este período de crisis fuera más habitual la retirada de dinero o que resultara más sospechoso si cabe que desde 1996 únicamente hubiera tenido en 5 meses pérdida de valor. También era sospechoso que a pesar de ser un pionero en el trading electrónico nunca permitiera a sus clientes acceder a un panel de control para ver cómo iban sus inversiones, usaba simplemente un breve resguardo enviado a través del correo para informar de la situación.

Una auditoría de una agencia hondureña encargada de adquirir suministros médicos de emergencia para combatir el coronavirus descubrió que se desperdiciaron decenas de millones de dólares, un caso atroz de lucro en un país que ya ha visto un soborno masivo en su sector de salud gubernamental.

El ejemplo más descarado fue la compra de siete hospitales móviles por US$ 47 millones, con un costo excesivo de US$ 12,3 millones, según la Asociación para una Sociedad más Justa (ASJ), una asociación no gubernamental conjunta entre Estados Unidos y Honduras.

El hallazgo fue parte de una auditoría que examinó unos 80 millones de dólares en contratos de INVESTH, la entidad del gobierno hondureño encargada de proporcionar contratos de alivio de la pandemia de coronavirus a empresas privadas. Si la justicia no actúa con más rapidez, si los ciudadanos no empiezan a ser más críticos con los políticos, si los medios de comunicación no empiezan a ejercer su papel de denuncia (en vez de defender sus distintos colores políticos), y si no surgen nuevas canteras de políticos y directivos más éticos lo tenemos muy mal para nosotros y futuras generaciones.

Terrorismo

En la antigüedad, hemos escuchado historias y casos de violencia política, por ejemplo, en la Santa Biblia podemos encontrar referencias acerca de aniquilaciones totales de naciones enemigas en el nombre de la fe.

Más tarde, durante el Imperio Romano existieron diversos casos de terrorismo de Estado, entre los que se incluyen la supresión brutal de los seguidores de Espartaco[26] después de la Rebelión de los Esclavos del 73-71 d.C., así como la eliminación y la esclavización de la nación Dacia en 106 d.C. Asimismo, en los territorios conquistados los romanos imponían su autoridad sin tener compasión. En el año 73 a. C., durante su permanencia en esta escuela, Espartaco ideó y llevó a cabo una rebelión a fin de escapar junto a varios compañeros. Unos 74 hombres, encabezados por Espartaco, Crixo y Enomao (estos dos últimos de origen galo) huyeron de la ciudad armados con todo lo que encontraron. Por el camino se encontraron con un convoy que transportaba armas de gladiadores y se apoderaron de él, tras lo cual se retiraron al monte Vesubio, desde donde empezaron a llevar a cabo acciones de pillaje contra las localidades vecinas

Durante el antiguo y medieval Medio Oriente, existen casos que llegan a ser considerados, por modernos analistas, como tácticas terroristas; como ejemplo podemos mencionar la primera rebelión judía en contra de la ocupación Romana en donde los rebeldes atacaron tanto a los romanos como a los miembros del establecimiento judío[27]. El año 167 a. C., después de que Antíoco emitiera en Judea los decretos que prohibían la práctica de rituales religiosos, un sacerdote rural de Modín,

[26] Strauss, Barry (2010). La guerra de Espartaco. Trad. Carlos Valdés. Edhasa. ISBN 978-84-350-2699-8.
[27] From the Maccabees to the Mishnah Second Edition. Cohen, Shaye J.D. Westminster John Knox Press, 2006.

Matatías el Asmoneo, encendió la chispa de la revuelta contra el Imperio seléucida rehusando adorar a los dioses griegos.

Matatías asesinó a un judío helénico que se adelantó para ofrecer un sacrificio a un ídolo griego en el pueblo de Matatías. Él y sus cinco hijos huyeron a las montañas de Judea. Tras su muerte, un año más tarde, su hijo Judas Macabeo lideró un ejército de judíos disidentes a la victoria contra los seléucidas. El término macabeos para designar al ejército de Judea proviene del apellido de Judas, cuyo significado es 'martillo'.

La revuelta provocó varias batallas individuales, en las que las fuerzas macabeas ganaron reputación en el ejército sirio debido a sus tácticas de guerrilla. Tras la victoria, los macabeos entraron triunfantes en Jerusalén, realizaron una limpieza ritual del Templo, restableciendo los servicios tradicionales judíos e instaurando a Jonatán Macabeo como sumo sacerdote.

Sin embargo, estos son sólo son algunos ejemplos de terrorismo durante la historia de la humanidad. ¿Pero cuándo fue que la palabra terrorismo fue acuñada en su contexto moderno? Fue durante la Revolución Francesa, por el filósofo británico Edmund Burke[28], quien la uso para explicar el llamado Régimen del Terror, el cual es un excelente ejemplo de lo que es el terrorismo de estado.

Hoy en día, el terrorismo ha cambiado a un Nuevo Terrorismo mucho más organizado, que selecciona sus blancos y

---

[28] Freeman, M., 1992, 'Edmund Burke', in Laurence C. Becker and Charlotte B. Becker, eds., Encyclopaedia of Ethics, 2 vols., Garland, New York, vol.i, pp.109-11.

que hace uso de armas convencionales, convirtiéndose en un nuevo reto para la diplomacia en el mundo. Este Nuevo Terrorismo se ha hecho muy fuerte gracias a conexiones internacionales, armas de destrucción masiva, motivaciones religiosas o místicas y métodos "Asimétricos"

El nuevo escenario mundial se encuentra ante el nuevo reto de la amenaza terrorista global. Los actos terroristas se han convertido en amenazas internacionales que implican a diferentes Estados y organismos internacionales. En la actualidad, se plantea la lucha contra el terror a partir de la definición operativa del terrorismo y la elaboración de listas de organizaciones terroristas. Con ellas se pretende delimitar el campo de acción de estas organizaciones y plantear estrategias efectivas en la eliminación de amenazas terroristas.

Tras los atentados del 11 de septiembre de 2001, el terrorismo entró a formar parte de las agendas de gobiernos y órganos internacionales. El terrorismo, en sus diferentes formas, ya había dado muestras antes de un cierto grado de internacionalización. Sin embargo, el 11S significó un paso más allá, debido a su propia magnitud.

Las primeras respuestas, sin entrar a considerar acciones militares, consistieron en la búsqueda de una definición válida del concepto de terrorismo. Se pretendía delimitar este tipo de actos.

Pero los problemas han sido constantes, hasta el punto que ni siquiera la ONU ha sido capaz de plantear una definición concisa. Los diferentes puntos de vista sobre determinados movimientos terroristas entorpecían esta labor.

El término "terrorismo" en mi opinión, significa violencia premeditada políticamente motivada, perpetrada contra objetivos no combatientes por grupos subnacionales o agentes clandestinos. Durante el tiempo del rey Zeniff leemos lo que en mi reflexión llamo "terrorismo de estado":

"Y aconteció que el rey Lamán murió, y su hijo empezó a reinar en su lugar. Y empezó a incitar a su pueblo a rebelarse en contra del mío; así que comenzaron a prepararse para la guerra y para venir a la batalla contra mi pueblo. Más yo había enviado a mis espías a los alrededores de la tierra de Shemlón, para descubrir sus preparativos, para guardarme de ellos a fin de que no vinieran sobre mi pueblo y lo destruyeran.

Y sucedió que subieron por el lado norte de la tierra de Shilom, con sus numerosas huestes: hombres armados con barcos y con flechas, con espadas y con cimitarras, con piedras y con hondas; y llevaban afeitada y desnuda la cabeza, y estaban ceñidos con una faja de cuero alrededor de sus lomos." (Mosiah 10:6-9, Cursiva agregada).

El uso calculado de la violencia o de la amenaza de la violencia de inculcar miedo; los lamanitas se prepusieron forzar o intimidar al pueblo del rey Zeniff en la búsqueda de las metas que ellos tenían generalmente eran políticas, religiosas, o ideológicas. Los lamanitas empleaban la violencia del terrorista en el nombre de muchas causas.

El terrorismo es una clase específica de violencia. El terrorismo es el uso ilegítimo de fuerza para lograr un objetivo político cuando las personas inocentes son los afectados.

En el tiempo del inicuo rey Noé, leemos un ataque terrorista perpetrado por los lamanitas.

"Y sucedió que los lamanitas empezaron a venir sobre su pueblo, sobre grupos pequeños, y a matarlos en sus campos, y mientras cuidaban sus rebaños. Y el rey Noé envió guardias a los alrededores de la tierra para contenerlos, mas no envió un número suficiente, y los lamanitas cayeron sobre ellos y los mataron, y se llevaron muchos de sus rebaños fuera de la tierra; así empezaron los lamanitas a destruirlos y a derramar su odio sobre ellos." (Mos.11:16-17: Cursiva agregada).

Ese "odio" que los lamanitas sentían fue avivado por los disidentes nefitas que estaban inconformes con el gobierno establecido mediante "la voz del pueblo".

"Y aconteció que en el año ochenta del gobierno de los jueces sobre el pueblo de Nefi, hubo un cierto número de los disidentes nefitas que algunos años antes se habían pasado a los lamanitas y habían tomado sobre sí el nombre de lamanitas, y también cierto número que eran descendientes verdaderos de los lamanitas, habiendo sido incitados a la ira por aquéllos, es decir, aquellos disidentes, que emprendieron, por tanto, una guerra contra sus hermanos. Y cometían asesinatos y robos; y entonces se refugiaban en las montañas, y en el desierto, y en parajes secretos, ocultándose para que no los descubriesen, aumentando sus números diariamente a causa de que había disidentes que se unían a ellos." (Helamán. 11:23-24: Cursiva agregada).

Aunque el terrorismo y el crimen organizado son fenómenos diferentes, el hecho importante es que las redes terroristas y criminales se superponen y cooperan en algunas empresas. El fenómeno de la sinergia del terrorismo y el crimen organizado creció en el territorio nefita debido a condiciones similares dan lugar a ambos, y porque los terroristas y delincuentes organizados utilizaron enfoques similares para promover sus operaciones.

La mafia tradicional tiene redes muy desarrolladas para la adquisición de bienes y servicios y el dinero, todo por un precio. El interés potencial de la mafia para ayudar a un terrorista no tiene nada que ver con la ideología o la simpatía, sino con la avaricia.

Los jóvenes involucrados en aspectos terroristas han sido utilizados a largo de la historia de la humanidad por las organizaciones secretas para llevar a cabo sus perversos planes. El menu actual tenemos a la Yakuza[29] de Japon como una de los

[29] La Yakuza es la más antigua organización de delincuencia organizada en el mundo. Según la leyenda de los suburbios de apoyar y difundir fácilmente, ya en el siglo 17, la Yakuza ya estaban organizados como jugadores, vendedores ambulantes, los soldados de la fortuna y los bandidos errantes. El grupo se convirtió en su condición actual de gángsters en el siglo 19 cuando tomó el control de los vicios tradicionales, la prostitución, el juego, la distribución de bebidas alcohólicas, y entretenimiento. En la década de 1860, Japón se transformó en una nación industrial, la Yakuza siguió. Se hizo cargo de grandes sectores de la construcción y sectores naviero y muelle inundado los mercados con el juego. La organización también comenzó a incursionar en la política con la esperanza de recibir la sanción oficial, o por lo menos un alivio del acoso oficial. Ofertas fueron elaboradas y, finalmente, la Yakuza proporciona personal y el asesinato de varias sociedades secretas paramilitares que dominaron la escena política de la nación. En la década de 1930, cuando los ultranacionalistas

grupos más poderosos del planeta, la Yakuza ha estado cultivando el mercado americano, la contratación de las mujeres asiáticas y caucásicas de trabajar en Japón, mediante el ardid de trabajos bien pagados como "artistas.

Gracias a ellos, el Japón se ha convertido en un importante contribuyente a la inundación de pornografía infantil y prostitución infantil en el mundo de hoy. Los gánsteres traen miles de niños y mujeres jóvenes de otros países asiáticos y los condenará a una vida en los centros sexuales de Tokio y otros puntos en el Oriente.

"Y también hubo causa de mucha tristeza entre los lamanitas; porque he aquí, tenían muchos hijos que crecieron y aumentaron en años hasta actuar por sí mismos, y unos que eran zoramitas los indujeron, con sus mentiras y sus palabras aduladoras, a unirse a esos ladrones de Gadiantón. Y así fueron afligidos también los lamanitas, y empezaron a decaer en cuanto a su fe y rectitud, por causa de la iniquidad de la nueva generación." (3 Nefi 1:29-30: Cursiva agregada).

Amenazas, muerte y destrucción infligidas por grupos terroristas, necesitan sangre nueva, lo mismo ocurre hoy día. Sin embargo, las redes criminales y terroristas necesitan estar unificadas a pesar de la pérdida y el asesinato de muchos miembros, con el tiempo se es necesario reclutar nuevos

japoneses tomaron el poder, la Yakuza desempeñaron un papel importante en varios golpes de Estado, el asesinato de dos primeros ministros y dos ministros de finanzas, los ataques repetidos de los políticos e industriales, y dirigió una organización terrorista en la Manchuria ocupada.

miembros, al menos algunos grupos que tomen papeles sutiles para operar las empresas del crimen y del terror.

Es necesaria para estas redes irregulares una nueva generación de mafiosos dedicados más a la actividad criminal de cuello blanco, a diferencia de las empresas tradicionales de chantaje. Que operen las empresas comerciales, contratos gubernamentales de la construcción, la posesión de las empresas de tecnología y hoteles.

No es ningún secreto en la industria de Hollywood como la delincuencia organizada y la creación de películas está conectada. La mezcla de fama, estilo de vida glamorosa y los riesgos financieros que las estrellas del cine, actores y cantantes, así como las empresas de producción, resulta un atractivo fatal para la multitud.

"Y aconteció que así concluyó este año. Y continuaron aumentando los ladrones y haciéndose fuertes, al grado de que desafiaron a todos los ejércitos de los nefitas, y de los lamanitas también; e hicieron descender un temor muy grande sobre la gente por toda la superficie de la tierra. Sí, porque cayeron sobre muchas partes de la tierra, y les causaron grandes destrozos; sí, mataron a muchos, y a otros se llevaron cautivos al desierto; sí, y más particularmente a sus mujeres y sus niños." (Helamán. 11:32-33: Cursiva agregada).

Narcotráfico

Aunque no se menciona a palabra narcotráfico, se hace referencia como *"...toda clase de iniquidades", "por tanto, empezaron a cometer asesinatos secretos, y a robar y hurtar, para obtener riquezas."* (Helamán. 6:17: Cursiva agregada).

Los grupos más grandes dedicados al narcotráfico suelen tener presencia internacional y ostentan un poder similar al de un gobierno. Sus integrantes cuentan con poderosos armamentos y sus líderes manejan inmensas sumas de dinero. Al ser ilegales, las drogas adquieren un gran valor económico. Existe una situación de escasez y los drogadictos están dispuestos a pagar lo que sea para acceder a las sustancias.

Por eso el narcotráfico puede ser un negocio tan riesgoso como lucrativo. La falta de legalización de ciertas drogas, como la cocaína o la heroína, no es casual. Este tipo de sustancias generan daños gravísimos e irreversibles al consumidor. Por otra parte, su consumo genera violencia, impulsa el crimen y deja a una gran cantidad de gente fuera del sistema social.

Hugh W. Nibley[30] nos da una interpretación de cómo se benefician las combinaciones secretas de esas iniquidades: En nuestras ciudades tenemos los Sharks, los Bloods, y varias pandillas del centro de la ciudad, que son muy graves. Media docena mueren cada fin de semana en Los Ángeles, ¿no? Y luego a la derecha por aquí tenemos el satanismo. ¿No podemos obtener esta fuera de nuestro sistema? Es un tema romántico. Recuerde Sax Roemer y Fu-Manchú. Él iba a gobernar el mundo, eso era todo el asunto. Hubo Rex Stout y Zeck Sr., y

[30] Hugh W. Nibley. TEACHINGS OF THE BOOK OF MORMON, Semester 3, Lecture 76, Helamán 6, Crime, Secret Societies, Egyptian Mythology on the Origin of the World.

James Bond siempre va tras Goldfinger o algo así. Siempre tiene que ver con conjuros secretos para dominar el mundo, este gran poder. Tiene que ver con alguna persona que tiene el control de algunas de energía atómica o alguna otra cosa. Se le puede intimidar y chantajear a todas las naciones. Ellos siempre piensan en términos mundiales.

Ahora, ¿qué hay detrás de todo esto? Tenemos las sociedades secretas aquí. El Libro de Mormón nos lo explica. El mejor tratado que usted encontrará sobre esto es Helamán 6 y lo que sigue. En primer lugar, no hay "-ismos:" Hay organizaciones. Como dice Liddell Hart, la guerra es un asunto individual. La religión y la nacionalidad no son básicas. Usted puede pertenecer a cualquier cosa que usted desee. No es la maquinaria del partido, el buró político ni nada de eso. Es algo más es ambición personal, etc.

En segundo lugar, debe tener una base de poder. Debe haber un mercado. Como una forma de robo, la piratería ha sido oficial. Luego fue piratería y cosas por el estilo. Hoy en día es la droga. No será para siempre. Solían ser perlas antes. Fue el robo de ganado y luego los juegos de azar, como en Las Vegas. Usted puede construir un imperio en el juego.

Usted puede construir un imperio sobre las drogas y todas estas cosas. Usted puede construir un imperio sobre la prohibición de las cosas ilícitas.

El tercer punto es que el objeto tiene el mayor atractivo. Esas cuatro cosas que tanto Nefi mencionan: Es por el dinero y por el poder, el que sostiene el arma tiene el poder. Se trata de la popularidad, que debe tener el apoyo del público-que siempre lo hacen. Y los deseos de la carne, los clubes deslumbrantes, las damas de clase alta, las Tony resorts y lugares así. Estos sistemas se adaptan a todos en el mismo escenario que todos somos tan aficionados de hoy, como usted sabe de su televisión.

El cuarto punto es que debe ofrecer protección. El Libro de Mormón va justo en esta materia, Gadiantón. Encontrarás todos estos elementos, están allí. Usted debe ofrecer protección.

El quinto, es decir, debe buscar un aire de respetabilidad total. La limusina, el excesivo vestido y vestirse muy caro, incluso ser algo piadoso. Estas personas son buenos miembros de la iglesia, como la gente de familia de la mafia, muy piadosa, leales el uno al otro. Luchan por una imagen de respetabilidad definitiva. Ellos tienen su propia mística. Son totalmente independientes del Estado.

Esta es la imagen que El Libro de Mormón da, es precisa y suficiente para hacer explícita su explicación de toda la cosa, muy meritoria, por lo que a mí respecta. ¿Así que no es gracioso que hace tres años, que habría pensado que esto era una pérdida de tiempo? Tal vez sea una pérdida de tiempo, pero que la delincuencia debe tener un [lugar destacado].

En primer lugar, la guerra y después de la delincuencia en el Libro de Mormón. Estas cosas que se han hecho hincapié en el Libro de Mormón son impopulares. Estas son cosas que deben evitarse."

InSight Crime es un grupo de expertos y una organización de medios que busca profundizar e informar el debate sobre el crimen organizado y la seguridad ciudadana en las Américas proporcionando informes, análisis, datos, investigaciones y sugerencias de políticas periódicas sobre cómo abordar los múltiples desafíos que presentan.

Encontramos casos interesantes sobre Pablo Escobar Gaviria de Colombia: Julián Arístides y Alfredo Landaverde: Juan Orlando Hernández

Pablo Escobar[31]

Como la mayoría de sus socios en el Cartel de Medellín, Escobar provenía de un entorno social humilde. Abandonó la escuela porque su familia no podía pagar su educación y pronto se involucró en delitos menores. Sus primeras actividades delictivas incluyeron el contrabando de equipos estéreo y el robo de lápidas para revenderlas.

Escobar luego ingresó al tráfico de cocaína, fundando el Cartel de Medellín en la década de 1970 y los hermanos Ochoa Vásquez (Jorge Luis, Juan David y Fabio). Los hermanos Ochoa fueron inicialmente los cerebros comerciales del equipo. Mientras tanto, Escobar primero supervisó la "protección" del grupo antes de emerger como su líder indiscutible.

Durante el apogeo del Cartel de Medellín en la década de 1980 y principios de la de 1990, Escobar controlaba casi toda la cadena de suministro de cocaína. Supervisó la importación de grandes cargamentos de varias toneladas de base de coca desde las naciones andinas de Perú y Bolivia a Colombia, donde se

[31] https://insightcrime.org/colombia-organized-crime-news/pablo-escobar/

procesaba en laboratorios de la selva para convertirla en cocaína. La empresa criminal luego almacenó la droga en Colombia antes de volarla a los Estados Unidos. En la década de 1980, se estima que la organización suministró más del 80 por ciento de toda la cocaína enviada al país, enviando unas 15 toneladas por día.

En este período, los secuestros realizados por grupos guerrilleros llevaron al Estado a colaborar con los grupos criminales. El secuestro de la hermana de los Ochoa en 1981 condujo a la creación de un grupo paramilitar financiado por el Cartel de Medellín conocido como Muerte a los Secuestradores (MAS).

A mediados de la década de 1980, el control de Escobar sobre Medellín aumentó cuando fundó un servicio de cobro de deudas criminales conocido como la "Oficina de Envigado". Se trataba de una oficina en la alcaldía de Envigado, un pequeño municipio vecino a Medellín donde creció Escobar. Escobar usó la oficina municipal para cobrar las deudas que le debían los narcotraficantes y puso a los "sicarios" o sicarios sobre quienes se negaron.

A diferencia de muchos narcotraficantes de la actualidad, Escobar no tenía miedo de hacer alarde de sus riquezas. Se estima que su cartel ganó alrededor de $ 420 millones en ingresos por semana durante mediados de la década de 1980, y el propio Escobar estuvo en la lista de multimillonarios de Forbes durante siete años seguidos, entre 1987 y 1993. Su lujosa propiedad multimillonaria "Hacienda Nápoles" tenía su propio zoológico, y según los informes, comía en vajillas de oro macizo.

A pesar de su opulento estilo de vida, Escobar se presentaba como una figura populista, perseguida por las clases altas por su propio origen social y sus esfuerzos por ayudar a los pobres. Intentó despertar el sentimiento antisistema y ganarse a las comunidades desfavorecidas abriendo un zoológico público, construyendo 70 campos de fútbol comunitarios y construyendo viviendas para los pobres.

No pudo entrar en las clases sociales altas de Medellín, lo que bloqueó su solicitud para unirse al club social más importante de la ciudad. Sus intentos de unirse a la élite política también fueron aplastados a principios de la década de 1980 cuando fue expulsado del Partido Liberal de Colombia y despedido de su cargo como diputado.

Estas tensiones se intensificaron a mediados de la década de 1980 cuando el Cartel de Medellín declaró la guerra al estado colombiano. En abril de 1984, el entonces ministro de Justicia de la nación, Rodrigo Lara Bonilla, fue asesinado a tiros por sicarios que trabajaban para Escobar. El Estado colombiano respondió firmando de inmediato la ley de extradición de Escobar a Estados Unidos. En respuesta, los sicarios de Escobar asesinaron a finales de la década de 1980 a decenas de jueces , policías y varios periodistas . Durante las elecciones presidenciales de 1989, los sicarios de Escobar asesinaron al candidato del Partido Liberal Luis Carlos Galán Sarmiento. Luego hicieron un intento fallido de matar al reemplazo de Galán, Candidato presidencial del Partido Liberal César Augusto Gaviria Trujillo.

Usando estas tácticas, Escobar finalmente presionó al Estado para que prohibiera la extradición de ciudadanos colombianos en la Asamblea Constituyente de 1991. Logró negociar su entrega a las autoridades y se instaló en una cárcel conocida como la "Catedral", que él mismo construyó. Era una cárcel sólo de nombre. Escobar controlaba a los guardias e hizo construir una casa de juegos en el terreno para cuando su hija fuera de visita. Usó su primer año tras las rejas para reorganizar el Cartel de Medellín.

Pero su influencia en la organización estaba disminuyendo. El resentimiento contra Escobar creció cuando aumentó un "impuesto" a los miembros del cártel, haciéndolos pagar entre $200,000 y $1 millón en honorarios.

Y en julio de 1992, los hombres de Escobar encontraron un alijo de $ 20 millones en una propiedad perteneciente al miembro del cartel Fernando Galeano. Escobar convocó a Galeano ya otro socio, Gerardo Moncada, a una reunión en la Catedral. Ambos fueron luego asesinados por dos de los sicarios de Escobar.

Al enterarse de los asesinatos, el presidente César Gaviria ordenó que Escobar fuera enviado desde la Catedral a una base militar en la capital de Colombia, Bogotá. Antes de que pudiera ser trasladado, Escobar escapó.

En última instancia, los antiguos socios criminales de Escobar se asociaron con el gobierno y desmantelaron gradualmente su imperio. Sin dinero, sin suerte y con solo un guardaespaldas, las autoridades en Colombia balearon a Escobar en la azotea de una casa en Medellín el 2 de diciembre de 1993.

Los rumores han circulado durante años en torno a su muerte. El exlíder paramilitar y jefe de la mafia Diego Fernando Murillo Bejarano, alias "Don Berna “, afirmó que su hermano disparó a Escobar.

Julián Arístides y Alfredo Landaverde[32]

Los nuevos detalles sobre un presunto escuadrón de sicarios que salió de la sede de la Policía Nacional de Honduras y llevó a cabo asesinatos de alto perfil para el crimen organizado se han encontrado con una ola de negaciones, afirmaciones de ignorancia y más acción en el ámbito político que en el jurídico.

Documentos que supuestamente forman parte de una investigación oficial iniciada el día en que el zar antidrogas Julián Arístides González Irías fue emboscado por hombres armados en diciembre de 2009 en un semáforo en Tegucigalpa fueron filtrados y publicados el 4 de abril por el diario hondureño El Heraldo.

Al día siguiente, El Heraldo publicó otro conjunto de documentos de apariencia oficial que alegan la participación de la Policía Nacional en un complot que terminó con el asesinato en diciembre de 2011 en circunstancias similares del exasesor de González, Gustavo Alfredo Landaverde Hernández. En ambos casos, los documentos parecen ser archivos de la policía hondureña e incluyen firmas y sellos oficiales. Se dice que gran parte de la información más condenatoria se transcribe desde una

[32]https://insightcrime.org/news/analysis/denials-follow-revelations-in-honduras-drug-czar-assassination/

cámara de vigilancia en las oficinas del director general de la Policía Nacional.

González era jefe de la Dirección de Lucha contra el Narcotráfico (DLCN) de Honduras. Se había ganado la reputación de hacer realmente su trabajo en un país que tradicionalmente había hecho poco para enfrentar a los barones de la droga que sirven como un eslabón vital en la cadena que mueve la cocaína desde América del Sur hasta el lucrativo mercado estadounidense. Landaverde había sido un crítico abierto del crimen organizado y la corrupción policial en Honduras, a menudo hablando con los medios sobre esos temas.

El exdirector policial José Luis Muñoz Licona emitió un desmentido público similar, informó La Prensa. El subcomisionado Héctor Caballero se presentó en la oficina del defensor del pueblo del gobierno (Comisionado Nacional de Derechos Humanos - Conadeh) diciendo a los periodistas que buscaba protección. Caballero dijo que quería limpiar su nombre luego de ser mencionado en los documentos filtrados como el oficial que dirigía un equipo de sicarios que llevó a cabo el asesinato de Landaverde, informó El Heraldo.

Las negativas de participación de los acusados en los documentos de planificación y ejecución de los asesinatos se han visto acompañadas de denuncias de ignorancia por parte de otros funcionarios que deberían haber recibido copias de las investigaciones, pero dicen que nunca lo hicieron. El exministro de Seguridad Oscar Álvarez, ahora miembro del Congreso, fue uno de los primeros funcionarios en comparecer ante las cámaras de televisión diciendo que los documentos de la investigación nunca habían pasado por su escritorio. El ex ministro de Seguridad, Arturo Corrales, renunció abruptamente la semana pasada como ministro de Relaciones Exteriores de Honduras.

Durante un programa de entrevistas del domingo 10 de abril en TVC televisión, el presidente Juan Orlando Hernández señaló que la responsabilidad en el caso González va más allá de la Policía Nacional. "Igual que en este caso, hay gran cantidad de casos del pasado en los que dicen: '¿Cómo es que no sabían?' Hernández dijo. "No se engañen, ¿cómo no se van a enterar de esto en el Ministerio Público? ¿Cómo no se van a enterar en los tribunales? ¿Cómo es que no se enteraron en las agencias de investigación?".

Juan Orlando Hernández Alvarado[33]

Juan Orlando Hernández Alvarado, expresidente de Honduras, enfrenta un juicio por cargos de drogas en Estados Unidos luego de años de acusaciones de que recibió sobornos para proteger a los traficantes, financió campañas políticas con dinero de las drogas y fue cómplice de la red de cocaína de su hermano.

Alguna vez aliado de Estados Unidos, Hernández fue encadenado en su casa en febrero de 2022, una caída espectacular para un político que ocupó el cargo más alto del país durante dos mandatos consecutivos de 2014 a 2022.

[33] https://insightcrime.org/honduras-organized-crime-news/juan-orlando-hernandez/

Como jefe del congreso y luego presidente, Hernández fue la figura política más poderosa del país durante más de dos décadas, pero su mandato se vio afectado por persistentes acusaciones de corrupción entre miembros de su círculo íntimo, incluidos su hermana y su hermano, Juan Antonio "Tony Hernández , quien se encuentra preso en EEUU tras ser condenado por narcotráfico en 2019.

Fiscales estadounidenses han acusado al expresidente de facilitar una red internacional de tráfico de drogas que movió al menos 500 toneladas de cocaína a través de Honduras hacia Estados Unidos. Hernández ha negado repetidamente todas las acusaciones relacionadas con las drogas.

Hernández ha sido acusado de aceptar sobornos de narcotraficantes e incluso brindar protección presidencial a laboratorios de drogas y cargamentos de cocaína. Durante mucho tiempo ha negado las acusaciones en su contra, diciendo que son producto de traficantes con una vendetta.

Los fiscales estadounidenses en el Distrito Sur de Nueva York, la misma oficina que procesó a su hermano, presentaron los cargos contra Hernández.

A principios de 2022, Hernández también entró en la llamada Lista Engel de actores corruptos del Departamento de Estado por "cometer o facilitar actos de corrupción y narcotráfico, y usar las ganancias de actividades ilícitas para facilitar campañas políticas".

Si bien anteriormente admitió haber recibido fondos de campaña de fuentes conocidas por canalizar fondos públicos malversados, Hernández ha afirmado ignorar el origen de esos pagos.

Con la protección del Partido Nacional, los narcotraficantes transformaron a Honduras en una importante vía para la cocaína sudamericana hacia México y Estados Unidos.

El occidente de Honduras, cerca de la frontera con Guatemala, era el centro de poder de Hernández y su hermano Tony, quien también era congresista del Partido Nacional. Allí, el joven Hernández comenzó a servir como agente de poder político con los clanes del narcotráfico.

Florecieron tanto las rutas aéreas como las marítimas. Las pistas de aterrizaje clandestinas para los narcovuelos que transportaban cocaína hacia el norte se hicieron comunes en las regiones menos pobladas del país. Las rutas terrestres también eran populares entre los traficantes conectados con Honduras.

Con la protección de Tony, los hermanos Valle Valle controlaban el principal corredor terrestre de Honduras a Guatemala, donde se traficaban entre 150 y 300 toneladas de cocaína cada año desde al menos 2015.

A través de su hermano, Hernández supuestamente ofreció protección a algunas de las organizaciones narcotraficantes más prolíficas de Honduras. Los principales clientes de Tony fueron los hermanos Valle Valle, con quienes se inició en el tráfico a gran escala. Tony negoció una tregua entre ellos y el mayor rival del grupo, el Cartel AA, según documentos judiciales.

Hernández supuestamente brindó a los asociados de Tony protección política y apoyo de las autoridades. Esto incluyó los servicios del notorio exjefe de policía Juan Carlos Bonilla Valladares, alias "El Tigre", quien está acusado de usar su cargo para proteger cargamentos de drogas en nombre de Tony Hernández. Durante su año al frente de la Policía Nacional de Honduras, supuestamente supervisó cargamentos de varias toneladas de cocaína que viajaban desde Colombia y Venezuela hacia Guatemala, según fiscales estadounidenses. El 8 de abril, un juez hondureño acordó la extradición de Bonilla a Estados Unidos por cargos de drogas.

Hernández fue un azote constante para la oposición del país, ya que ganó su candidatura a la reelección en 2017 en circunstancias dudosas. Sin embargo, hasta 2021, la oposición política había permanecido demasiado dividida para montar una campaña lo suficientemente fuerte para asegurar su derrota. Esto hizo que la victoria decisiva de Xiomara Castro sobre su oponente del Partido Nacional, Nasry Asfura, fuera aún más histórica, ya que puso fin a 12 años de gobierno del Partido Nacional. Uno de los críticos más abiertos de Hernández , el ex ministro de Seguridad Ramón Sabillón, finalmente llevó a cabo su arresto.

Criminalidad Organizada

Son las actividades colectivas de tres o más personas, unidas por vínculos jerárquicos o de relación personal, que permitan a sus dirigentes obtener beneficios o controlar territorios o mercados, nacionales o extranjeros, mediante la violencia, la intimidación o la corrupción, tanto al servicio de la actividad delictiva como con fines de infiltrarse en la economía legítima, en particular por medio de: (a) el tráfico ilícito de estupefacientes o sustancias sicotrópicas y el blanqueo de dinero, tal como se definen en la Convención de las Naciones Unidas contra el Tráfico Ilícito de Estupefacientes y Sustancias Sicotrópicas de 1998; (b) la trata de personas, tal como se define en el Convenio para la represión de la trata de personas y de la explotación de la prostitución ajena de 1949; (c) la falsificación de dinero, tal como se define en el Convenio internacional para la represión de la falsificación de moneda de 1929; (d) El tráfico ilícito o el robo de objetos culturales, tal como se definen en la Convención sobre medidas que deben adoptarse para prohibir e impedir la importación, la exportación y la transferencia de propiedad ilícita de bienes culturales de 1970 y la Convención sobre bienes culturales robados o ilegalmente exportados de 1995 del Instituto Internacional para la Unificación del Derecho Privado de las Naciones Unidas para la Educación, la Ciencia y la Cultura; (e) el robo de material nuclear, su uso indebido o la amenaza de uso indebido en perjuicio de la población, tal como se define en la Convención sobre la protección física de los materiales nucleares de 1980; (f) los actos terroristas; (g) el tráfico ilícito o el robo de armas y materiales o dispositivos explosivos; (h) el tráfico ilícito o el robo de vehículos automotores; e (i) la corrupción de funcionarios públicos.[34]

Lo anterior lo entendían bien las sociedades nefitas y la banda de Gadianton, antes de que existieran las sociedades de los países organizados en la lucha contra el crimen organizado.

---

[34] R. Thomas Naylor, "Mafias, myths, and markets: on the theory of enterprise crime", Transnational Organized Crime, vol. 3, núm. 3 (Otoño de 1997), pág. 4.

Mas he aquí, Satanás incitó el corazón de la mayoría de los nefitas, a tal grado que se unieron a esas bandas de ladrones, y participaron en sus convenios y sus juramentos de que se protegerían y se preservarían unos a otros en cualesquiera circunstancias difíciles en que se encontrasen, a fin de que no fuesen castigados por sus asesinatos, y sus robos, y sus hurtos.

Y acaeció que tenían sus señas, sí, sus señas y sus palabras secretas; y esto a fin de reconocer al hermano que hubiese concertado el convenio, para que, cualquiera que fuese la iniquidad que su hermano cometiera, no lo perjudicara su hermano, ni tampoco aquellos que pertenecieran a la banda y hubieran hecho este convenio.

Y así podrían asesinar, y robar, y hurtar, y cometer fornicaciones y toda clase de iniquidades en oposición a las leyes de su patria, así como a las leyes de su Dios." (Helamán. 6:17: Cursiva agregada).

Tal como lo señala Ray C. Hillan[35] sobre sus escritos de combinaciones secretas que en las escrituras de los últimos días: Las combinaciones secretas son grupos de conspiradores que traman y ponen en marcha las obras de las tinieblas para propósitos malvados y egoístas. Las combinaciones secretas han existido desde los días de Caín (Moisés 5:51). Satanás es su autor (2 Ne. 26:22), el poder y la ganancia son sus motivos (Éter

[35] Secret Combination, Ray C. Hillam, Provo, Utah: Maxwell Institute en http://www.byu.farms.edu (accedido el 24 de mayo de 2011)

8:15, 25), y la conspiración es su método de operación (Helamán 6:22-24).

Combinaciones secretas puede ser asociaciones, grupos, sociedades o gobiernos. Operan en secreto para realizar actos malvados con el fin de obtener el poder sobre las mentes y acciones de la gente.

Como los enemigos de los hombres y mujeres honestos regidos por el imperio de la ley, tales combinaciones secretas tratan de subvertir la virtud pública y la autoridad legalmente constituida. Esto con el fin de contaminar, defraudar, el asesinato, engañar y destruir los elementos de un buen gobierno, religiosos o seculares.

Su objetivo es tomar el poder y gobernar a todas las personas (3 Ne. 6:27-30), lo que resulta en la destrucción de la libertad humana y de las agencias y la parálisis de las comunidades pacíficas y justas.

Las combinaciones secretas y sus prácticas tienen una tradición bíblica e histórica que se extiende desde los días de la alianza secreta de Caín con Satanás a los tiempos modernos. Los miembros de estas combinaciones satánicas están obligados por los juramentos y pactos secretos. El demonio proclama, inicia y sustenta estas combinaciones y sus prácticas conspirativas (Moisés 5:29-33, 47-52).

Por lo tanto, esta es nuestra anatomía de la delincuencia, nuestra teoría de la delincuencia. Siempre ha sido un caso de estudio. Satanás es el autor de todo pecado. Eso es interesante.

No tiene nada que ver con la nacionalidad ni nada de eso. Usted no tiene que ser comunista para romper los Diez Mandamientos, la gente religiosa puede hacer eso.

Los malos son pocos en comparación a los buenos, la única diferencia es que están organizados, de allí que se llama "criminalidad organizada", son una hermandad, una sociedad cerrada. Tienen las claves, juramentos, pactos y planes.

Desidentes (Opositores)

Si bien es cierto, los disidentes nefitas no utilizaron armas de destrucción masiva para acabar con un enemigo, utilizaron la información y el conocimiento que tenían en doble uso para campo civil y militar, contra aquellos que antes eran sus amigos.

Varios grupos políticos-religiosos estaban surgiendo en la sociedad nefita, en particular los zoramitas, mulekitas, los miembros de la iglesia, y un grupo anti-iglesia, los seguidores de Nehor.

Mantener el liderazgo nefita a lo largo de todos estos grupos resultó una tarea casi imposible. En un caso histórico en su primer año como juez principal, Alma condeno a Nehor culpable de hacer cumplir la superchería sacerdotal a punta de espada, lo que resultó en su ejecución (Alma 1:2-15). Esto pronto condujo a la guerra civil donde Alma mismo mato al líder rebelde Amlici, uno de los protegidos de la Orden de Nehor. (Alma 2-3). A ello siguió una grave epidemia de orgullo y de la desigualdad entre muchos en la iglesia (Alma 4) y la secesión de los zoramitas arrogantes. Detrás de una guerra siempre hay un conflicto ideológico, sea este de carácter político, cultural o religioso. El caso de los zoramitas que:

"... se habían separado de los nefitas y habían tomado el nombre de zoramitas, por ser guiados por un hombre llamado Zoram," (Alma 30: 59: Cursiva agregada)

"... eran disidentes nefitas; por lo tanto, les había sido predicada la palabra de Dios. Pero habían caído en grandes errores, pues no se esforzaban por guardar los mandamientos de Dios ni sus estatutos, según la ley de Moisés. Ni tampoco observaban las prácticas de la iglesia, de perseverar en la oración y súplicas a Dios diariamente, para no entrar en tentación." (Helamán. 31: 8-10: Cursiva agregadas)

El término disidente si buscamos un diccionario cualquiera de la lengua española, por ejemplo, el Larousse, vemos los siguientes significados:

Disidencia: "separación, grave desacuerdo de opiniones. Sinónimos: discrepancia, desacuerdo, escisión, cisma, secesión". Y para disidente tenemos: "que diside o se separa, que no pertenece a la iglesia oficial".

Y disidir, como verbo, significa separarse de una doctrina, creencia u opinión. Hasta donde he podido rastrear, el calificativo de disidente -en connotación política- comienza a usarse en los primeros años de la década del sesenta, aplicándosele a opositores radicales del comunismo en todas sus variantes.

Alexander Soljenitsyn, Vladimir Bukowsky y Anatoli Charansky, son calificados como tales y algunas características deben ser mencionadas. Antes quiero agregar que a los científicos que discreparon de la escuela sicoanalista de Sigmund Freud, como Ernest, Jung y Adler, se les llamó también disidentes. Pero en el terreno político, buscando la punta de la madeja, encontramos que un disidente es una persona que, conociendo el sistema desde dentro, se separa y adopta una actitud contraria al mismo, no reformista, sino contraria. Y si buscáramos un sinónimo no encuentro otro mejor que el de opositor.

"Ahora bien, el pueblo de los zoramitas se enojó con el pueblo de Ammón que estaba en Jersón; y el gobernante principal de los zoramitas, siendo un hombre muy inicuo, se comunicó con los del pueblo de Ammón, instándolos a que echaran fuera de su tierra a cuantos de los de ellos llegaran a esa tierra. Y profirió muchas amenazas contra ellos. Mas el pueblo de Ammón no tuvo miedo de sus palabras; por tanto, no los echaron fuera, sino que recibieron a todos los zoramitas pobres que llegaron a ellos; y los alimentaron y los vistieron y les dieron tierras por herencia y los atendieron según sus necesidades. Y esto provocó a los zoramitas a la ira contra el pueblo de Ammón, y empezaron a mezclarse con los lamanitas, y a incitarlos también a ira contra ellos. Y así los zoramitas y los lamanitas empezaron a hacer preparativos para la guerra contra el pueblo de Ammón y también contra los nefitas." (Helamán 35: 8-11, Cursiva agregada).

Otro caso interesante es el del malvado Amalickíah que era un disidente nefita, *"Y sucedió que Amalickíah ... por medio de su fraude, y con la ayuda de sus astutos siervos, consiguió el reino; sí, fue reconocido como rey en toda esa tierra, entre todo el pueblo lamanita, que se componía de los lamanitas y los lemuelitas y los ismaelitas, y todos los disidentes nefitas, desde el reinado de Nefi hasta el tiempo presente. Ahora bien, estos disidentes, teniendo la misma instrucción y la misma información que los nefitas, sí, habiendo sido instruidos en el mismo conocimiento del Señor, no obstante, es extraño relatar que no mucho después de sus disensiones, ellos se volvieron más duros e impenitentes, y más salvajes, inicuos y feroces que los lamanitas, empapándose en las tradiciones de los lamanitas, entregándose a la indolencia y a toda clase de lascivias; sí, olvidándose enteramente del Señor su Dios."* (Alma 47: 35-36, Cursiva agregada).

Desplazamiento Étnico

Sherrie M. Johnson[36] en su libro sobre los zoramitas describe que no está claro si los zoramitas fueron un elemento étnico dentro de la cultura nefita que trazó su linaje desde Zoram, el siervo de Labán. A pesar de que el Libro de Mormón delinea generalmente la gente como ser nefitas o lamanitas, ambas designaciones incluyen otros grupos: *"Las personas que no eran lamanitas eran nefitas, sin embargo, fueron llamados nefitas, jacobitas, Josefinos, zoramitas, lamanitas, lemuelitas, e ismaelitas* "(Jacob 1:13, cursivas agregadas).

Es muy probable, sin embargo, que el término zoramita se utiliza como una designación étnica. Por un lado, el llamado zoramita en donde Ammorón reclama ser un descendiente del original Zoram (véase Alma 54:23). Es cierto que, aparte de Ammorón (y por extensión su hermano Amalickíah), con el linaje a través de Zoram se observa en el texto. Y desde que el líder del grupo disidente se llamaba Zoram, es posible que el pueblo fuera conocido como zoramitas cuando se convirtieron en sus seguidores. Aun así, el fundador Zoram podria haber sido un zoramita cuyo origen étnico proviene de su antepasado, o que haya adoptado el nombre de su antepasado, cuando trató de unir a los miembros del clan y simpatizantes.

Continúa el análisis de la Dra. Johnson que hay poca evidencia para apoyar una separación por razones psicosociales. Grupos psicosociales tienden a apartarse de manera que sus

[36] The Zoramite Separation: A Sociological Perspective, Sherrie Mills Johnson, Journal of Book of Mormon Studies: Volume - 14, Issue - 1, Pages: 74-85, Provo, Utah: Maxwell Institute, 2005

miembros pueden nutrirse mejor unos a otros. Su enfoque consiste en separarse de la clase predominante, la cultura represiva, todo esto con el fin de construir o fortalecer a la persona. Los zoramitas no aparecen en ninguno de estos rasgos.

En lugar de establecer un sistema más equitativo que se centrara en fomentar entre sí a todos, no sólo a los pobres marginados en la sociedad (véase Alma 32:3), los zoramitas se negaron a cuidar de los demás. Por ejemplo, cuando el herido anticristo Korihor busco refugio entre ellos, no encontró la seguridad a pesar de que profesa un sistema de creencias similares, sino que fue atropellado y muerto (véase Alma 30). Los zoramitas claramente no eran personas que se centraban en la superación de los efectos de los males psicológicos y sociales por el cuidado y la crianza de los desfavorecidos.

La razón más probable para su separación, entonces, implica consideraciones político-económicas. Descontentos por su situación económica y social dentro de la cultura nefita, se reunieron con otros grupos de circunstancias similares y para establecer un gobierno que les favorecería. En este caso, se esperaría encontrar una nueva sociedad que desautorizara la vieja cultura (incluyendo sus sistemas religiosos y políticos), mientras que desune o se distancia de cualquier doctrina, sistemas de gobierno o tradición a fin de crear una identidad propia, que es lo que encontramos en la cuenta de los zoramitas.

Por otra parte, la Dra. Johnson agrega que todo esto nos lleva de nuevo al punto de que la etnicidad puede haber sido una de las principales razones de la marginación de los zoramitas en la sociedad nefita. La población de Zarahemla fue en gran medida una mezcla de mulekitas y nefitas, siendo los nefitas una minoría (véase Mosíah 25:2).

Los zoramitas habría sido una minoría, incluso entre los nefitas, dada que la tradición establece que la gente se casaba, principalmente dentro de sus respectivos grupos étnicos. En una situación como ésta, los zoramitas, que remontan su linaje a un siervo que se casó con una de las hijas de Ismael, no han compartido la misma descendencia lineal de Lehi, tal como los nefitas lo hicieron. Esto puede haber motivado a los nefitas a marginar a los zoramitas, y a su vez los numerosos mulekitas podría haber asumido esta actitud, cuando comenzaron a adoptar la cultura nefita. Es muy probable que los mulekitas y nefitas hayan mantenido su identidad étnica, se puede afirmar esta aseveración por el hecho de que cuando Mosíah los reunió para leer el registro de Zeniff, se juntaron en dos cuerpos: el pueblo de Zarahemla y el pueblo de Nefi (véase Mosíah 25:4).

Es interesante resaltar la estratificación de la sociedad, a pesar de todos los males que causa, esto ha sido una realidad constante de la civilización. Karl Marx y Friedrich Engels en El Manifiesto Comunista en 1848, fueron tan lejos como para afirmar que toda la historia humana es una "historia de la lucha de clases". [37]

El famoso sociólogo Max Weber identificó tres factores que contribuyen a la estratificación social: clase, Estado y partido. Los científicos modernos sociales, en un esfuerzo por

[37] Karl Marx and Friedrich Engels, El Manifiesto Comunista, traducido por Eden Paul and Cedar Paul (London: Martin Lawrence, 1930), 1.

aclarar los términos originales de Weber, dan nombre a la propiedad, prestigio y poder.[38]

El presidente Ezra Taft Benson acertadamente resume estas tres palabras "p" con otro: Orgullo[39] Ahora aquí vemos algo que tiene que ver con prestigio y autoridad, ser contados entre los descendientes de Nefi. Leemos que Mormón dice que era descendiente de Nefi (Mormón 1:5), Cuando Amulek fue a predicar junto con Alma al pueblo de Ammoniah necesitaba que la gente creyera sus palabras no solo por el testimonio que tenia de la expiación de Cristo sino también por su linaje y el declara que: "Soy Amulek; soy hijo de Giddona, que era hijo de Ismael, que era descendiente de Aminadí; y fue aquel mismo Aminadí que interpretó la escritura que se hallaba sobre el muro del templo, la cual fue escrita por el dedo de Dios. Y Aminadí era descendiente de Nefi, que era hijo de Lehi, que vino de la tierra de Jerusalén, y el cual era descendiente de Manasés, que era hijo de José, el que fue vendido para Egipto por sus hermanos." (Alma 10: 2-3). Igual caso tenemos con Alma cuando Mormón el historiador declara que "…Alma, también descendiente de Nefi." (Mosíah 17:2). Un estudio interesante en esta radicalización étnica es cuando los hijos del malvado sacerdote Amulon se avergonzaron de su linaje y dijeron que "… que eran hijos de Amulón y sus hermanos, quienes se habían casado con las hijas de los lamanitas, se disgustaron con la conducta de sus padres y no quisieron llevar más el nombre de sus padres; por consiguiente, adoptaron el nombre de Nefi, para ser llamados

---

[38] Rodney Stark, Sociología (Belmont, CA: Wadsworth, 1998), 227

[39] Pres. Ezra Taft Benson, "Cuidaos del orgullo," Liahona, Mayo 1989, 4 (Property, Prestige and Power) Pride que significa orgullo en español.

hijos de Nefi y ser contados entre los que eran llamados nefitas." (Mosíah 25:12).

Esta "sangre noble" se vio de manifiesta cuando la corriente política denominada realista reclamo su linaje provocando serias contiendas al gobierno dirigido por Pahoran. "Y así acabó Moroni con aquellos realistas, de modo que no hubo nadie que fuese conocido por el apelativo de realista; y así dio fin a la obstinación y orgullo de aquellos que decían tener sangre noble; y fueron obligados a humillarse igual que sus hermanos y a luchar valientemente por su libertad del cautiverio." (Alma 51:21).

John L. Sorenson dice que, en total, se detecta una variación sustancial en la estructura de la sociedad denominada "el pueblo de Nefi" o "nefitas". Las diferencias que separan a los elementos sociales se basaban en la ascendencia, la geografía, cultura, idioma, etnia y clase. Una lectura cuidadosa del registro de la sociedad revela un mosaico de grupos en lugar de una nación socialmente unificado. De hecho, una de las lecciones más insistente que la ganancia del registro es la dificultad que la clase dominante tenía por lo menos en el período cubierto por los libros de Mosíah, Alma, Helamán y-tratando de mantener esta coalición juntos dentro de una política única estructura. La experiencia humana en todo el mundo nos enseña que la religión, cualquiera sea su definición, es uno de los adhesivos más poderosos que tiene los grupos sociales entre sí[40]

---

[40] Religious Groups and Movements among the Nephites, 200–1 B.C. John L. Sorenson, Provo, Utah: Maxwell Institute

Extremistas

El Libro de Mormón está lleno de líderes que incitan a los conflictos contra los sistemas de gobiernos establecidos en los que sus seguidores están dispuestos a sufrir u ofrendar sus vidas para que sus líderes sean "los salvadores" de la sociedad. Empezaremos señalando algunos de ellos tales como: Lamán, Amalickíah, Ammorón, Gadiantón, Zerahemnah (y, menos visible, Giddiani, Tubalot y Amlici).

Normalmente estos líderes tienen un efecto profundo y determinista, en la dirección de una sociedad, según ellos más justa y equitativa. Los jueces y los abogados de Ammoníah conspiraron para hacer retroceder las instituciones democráticas del Estado y estaban dispuestos a recurrir a la violencia para lograr sus objetivos (véase Alma 8:17; 10:27). Del mismo modo, el proceso en los zoramitas en la toma de decisiones fue de manera secreta, de decidir la política no por la discusión pública (la voz del pueblo), sino por consultas privadas de investigación entre el pueblo (véase Alma 35:5). Gadiantón, el archi-villano, prosperó a través de la preservación de combinaciones secretas al interior y exterior del gobierno (véase Helamán 2:04) cuyo único objetivo era la administración exclusiva y total del gobierno. Las combinaciones secretas representan un retroceso contra la democracia. Exclusivo de las sociedades es el actuar anárquico y violentos tienden a ser antidemocrático.

Hugh W. Nibley[41] describe que, si lector se ha imaginado a la banda de Gadiantón como desgraciados, abandonados o

[41] Hugh W. Nibley. TEACHINGS OF THE BOOK OF MORMON, Semester 3, Lecture 76, Helamánaman 6, Crime,

como en las calles árabes acechando en callejones oscuros y que huyen de la luz del día en escondites sucio y maloliente, es necesario sacar de su mente de tal concepto. Ellos eran muy respetados que hicieron sus grandes ganancias al operar estrictamente dentro de la letra de la ley, ya que interpretan y controlado todas las esferas gubernamentales. Ellos eran del gobierno, el bien-hacer, los respetables, y los ciudadanos respetuosos de la ley. No eran elementos peligrosos e irresponsables en la sociedad (Helamán 6:39).

Demografía

El panorama de la historia del Libro de Mormón y su geografía implican definiciones posibles para las poblaciones que habitaron este continente. De acuerdo con la interpretación tradicional del hemisferio, el continente americano estaba vacío de gente cuando Jared llegó.

Cuando los jareditas se autodestruyeron, Lehi y los últimos grupos de inmigrantes de Mulek quedaron para repoblar la tierra. Esto implica que todos los habitantes precolombinos de las Américas, incluyendo todas las poblaciones del Norte llámense olmecas, mayas, incas, aztecas y otras poblaciones nativas de América del Sur, y sus descendientes hasta los tiempos modernos, estaban dentro de una o más de las tres migraciones que el Libro de Mormón habla.

La demografía histórica nos dice algunas cosas muy generales y algunas cosas muy específicas sobre las poblaciones en el pasado. Tal vez lo más general es que las poblaciones en el pasado tenían alta mortalidad, lo que significa que las personas murieron a edades relativamente más joven a lo que estamos acostumbrados en el mundo moderno. Los demógrafos[42] resumen la duración media de vida con la llamada "esperanza de

[42] Para ver ejemplos de los patrones de mortalidad en el pasado ver Hassan F., Demografía Arqueología (Nueva York: Academic Press, 1981), 116-23; ML Powell, El Estado y la Salud en la Prehistoria: Un Estudio de Caso de la Tribu Moundville (Washington: Smithsonian Institution , 1988), 89-103; Piso R., Vida y Muerte en la antigua ciudad de Teotihuacan (Tuscaloosa: Universidad de Alabama, 1992), 238-66; Flinn M., El Sistema Europeo de Demografía (Brighton: Harvester, 1981) .

vida al nacer" o "la esperanza de vida", que es simplemente el número de años que un recién nacido va a vivir, en promedio, en una población. 32Antes del siglo XVIII, la esperanza de vida era en general muy por debajo de cuarenta años en la mayoría de la población, y era a veces tan sólo veinte años y cinco o treinta años. Por el contrario, la esperanza de vida actual en general, va desde los sesenta años a setenta. Aunque las probabilidades de muerte fueron en general más altas para todos en el pasado, la esperanza de vida de la razón principal era mucho más bajo que el de hoy fue la mortalidad infantil severa.

Dada la capacidad de las poblaciones históricas de aumentar en número, la demografía histórica se pregunta por qué es que estas poblaciones a menudo no sostienen el crecimiento rápido de la población a largo plazo. ¿Cuáles eran los límites de crecimiento de la población? Una teoría simple, a veces (y algo injustamente) llamado "maltusiana", es que la tendencia a la alta fecundidad (de Malthus "pasión entre los sexos") es constante y tiende a aumentar el número de la población hasta que choca con los límites de los recursos, principalmente el suministro de alimentos. Reuniendo y pasando los límites de recursos, el crecimiento de la población experimentaría el hambre, la guerra o la enfermedad, lo que se reduce el crecimiento demográfico e incluso reducir el número de población a través de la mortalidad.

Aunque no está claro exactamente cuándo Nefi salió para el desierto con sus seguidores, fue en algún momento antes de 569 AC (2 Nefi 5:28-32). Al crear su registro en las placas pequeñas de este año, Nefi hace hincapié en que "ya había tenido guerras y contiendas con nuestros hermanos" (2 Nefi 5:34), refiriéndose probablemente a los lamanitas. Por otros quince años Nefi gobernó a su pueblo, finalmente, la unción de un rey para que le sucediera. Después de la muerte de Nefi el término nefita aparece por primera vez en la historia record.

El anterior significado del término nefita, Jacob lo define así: "ahora el pueblo que no eran lamanitas eran nefitas" (Jacob 1:13). Comenta con cierta ambigüedad que "ellos " (¿los lamanitas y los nefitas?) "…fueron llamados nefitas, jacobitas, Josefinos, zoramitas, lamanitas,lemuelitas, y de los ismaelitas" (Jacob 1:13)," pero la intención de Jacob es referirse a estos pueblos diferentes (¿tribus?) de acuerdo con que un simple "ellos", el esquema de amigo-enemigo.

Definiendo[43]: "llamaré lamanitas a los que tratan de destruir al pueblo de Nefi" y "los que simpaticen con Nefi, llamaré nefitas, o el pueblo de Nefi, según los reinados de los reyes [?]" (Jacob 1: 14). Jacob menciona los diversos "-ITAS" y su mención de un rey nefita, un templo, la riqueza significativa, y la inclinación nefita por la poligamia (Jacob 1:9-18), puede sugerir al lector ocasional con una población bastante grande que vive en una bastante compleja sociedad. Pero hay un indicio de que esto no puede ser el caso cuando Jacob se informa que los nefitas sólo tienen dos "sacerdotes y maestros " (Jacob 1:18).

[43] Nephi's Descendants? Historical Demography and the Book of Mormon, James E. Smith. FARMS Review: Volume - 6, Issue - 1, Pages: 255-96, A review of "Multiply Exceedingly: Book of Mormon Population Sizes" by John C. Kunich, Provo, Utah: Maxwell Institute, 1994

Algunas consideraciones demográficas también plantean interrogantes acerca de qué tan grande la población nefitas en los días de Jacob pudo haber sido.

Con estos resultados demográficos vemos que la población nefita en el momento de la muerte de Nefi y durante el ministerio de Jacob habría sido pequeña. Las hipótesis demográficas es que los nefitas vivieron bajo condiciones de crecimiento de la población en general, cero, que los fundadores nacieron más o menos alrededor de 610 AC, y que había alrededor de cinco familias fundadoras. Como se trata de supuestos conservadores, que puede ser cuestionada y modificada para producir un mayor número de nefitas en la simulación. Sin embargo, se necesitarían cambios muy grandes y probablemente poco realista en estos supuestos para hacer una gran diferencia en el orden de magnitud de los tamaños de población resultantes.

Porque, aun cuando las simulaciones se bajan por un factor de cinco, sólo pondría fin a la computación unos pocos cientos de nefitas en lugar de unas pocas docenas de alrededor de 336 A.C.

Nuestro ejercicio demográfico sugiere que los diversos "-ITAS" enumerados por Jacob eran pequeños grupos familiares y tribales en lugar de poblaciones a gran escala y las sociedades. Quizás Jacob lo vio como la división para referirse continuamente a estos pequeños grupos de forma individual, y tal vez esa es una razón por la que quería hablar de su pueblo, como un pueblo de Nefi, o simplemente "nefitas".

Alrededor de 400 AC, o doscientos años después de Lehi salió de Jerusalén, el registro de Jarom escribe que el pueblo de Nefi se había "multiplicado en extremo, y se extendió sobre la faz de la tierra" (Jarom 1:5, 8). Junto con los nefitas, los lamanitas también estaban "dispersos en gran parte de la faz de la tierra", pero que eran "excesivamente más numerosos" que los nefitas (Jarom 1:6).

Desigualdad Social

El Libro de Mormón explica un riesgo para todos aquellos que tratan de racionalizar la desigualdad, afirmando que los pobres merecen sus privaciones, ya que no son tan inteligentes, no trabajan tan duro, o han cometido algún acto por lo que la pobreza es su premio. Algunos durante el reinado del rey Benjamín tenían estos puntos de vista, que le obligaba a enseñar que los que no comparten con los pobres creían que

los pobres merecen su pobreza y es necesario que se arrepientan o que no tienen cabida en el reino de Dios (véase Mosíah 04:17 - 18).

Los apóstatas zoramitas primero se separan espiritualmente de Cristo al negar su existencia y luego crearon las divisiones sociales y religiosas entre sí sobre la base de la riqueza. A su lugar exclusivo de adoración, el Rameumptom, la clase alta rezaba:

"¡Santo Dios, creemos que tú nos has separado de nuestros hermanos; y no creemos en la tradición de nuestros hermanos que les fue transmitida por las puerilidades de sus padres; más creemos que nos has escogido para ser tus santos hijos; y también nos has dado a conocer que no habrá Cristo! ¡Mas tú eres el mismo ayer, hoy y para siempre; y nos has elegido para que seamos salvos, mientras que todos los que nos rodean son elegidos para ser arrojados por tu ira al infierno; y por esta santidad, oh Dios, te damos gracias; y también te damos gracias porque nos has elegido, a fin de que no seamos llevados en pos de las necias tradiciones de nuestros hermanos

que los someten a una creencia en Cristo, lo que conduce sus corazones a apartarse lejos de ti, ¡Dios nuestro! Y de nuevo te damos las gracias, oh Dios, porque somos un pueblo electo y santo. Amén." (Alma 31:16, 18: Cursiva agregada).

Alma, se enfermó del espectáculo "vio que sus corazones estaban puestos en el oro, y en plata, y sobre todo tipo de productos finos" (Alma 31:24). La exclusión y las separaciones entre los zoramitas creó un gran grupo de personas que eran pobres (véase Alma 32:2). A pesar de que éstos habían "trabajado en abundancia" para construir sinagogas, que eran despreciados por su pobreza y se excluyeron de los lugares de culto." (Alma 32:5).

Otra forma de exclusión era en que los ricos y poderosos demostraban su hostilidad hacia los pobres y la desigualdad económica se mantuvo negando algunas personas el acceso a la educación. Entonces la desigualdad educativa aumentó la desigualdad económica, y la gente comenzó a separarse en clases, "…según sus riquezas y sus posibilidades para el aprendizaje, sí, algunos eran ignorantes a causa de su pobreza, y otros recibieron un gran aprendizaje debido a su riqueza" (3 Nefi 6:12). Como resultado de esto, hubo una gran desigualdad en toda la tierra" (3 Nefi 6:14).

Y es así como funcionan las combinaciones secretas para destruir su sistema de gobierno establecido para el disfrute de sus ciudadanos. Y esto apenas es la punta del iceberg.

Referencias Bibliográficas

Crisis: análisis y perspectivas de la crisis económica mundial. Germán Alarco - 2009 de Ricardo De Dicco y Gustavo Lahoud (Jun2003), capítulo 2: "La crisis energética en California: el caso Enron

El Libro de Mormon publicado por La Iglesia de Jesucristo de los Santos de los Ultimos Días

Freeman, M., 1992, 'Edmund Burke', in Laurence C. Becker and Charlotte B. Becker, eds., Encyclopaedia of Ethics, 2 vols., Garland, New York, vol.i, pp.109-11.

From the Maccabees to the Mishnah Second Edition. Cohen, Shaye J.D. Westminster John Knox Press, 2006.

From the Maccabees to the Mishnah Second Edition. Cohen, Shaye J.D. Westminster John Knox Press, 2006.

Geoffrey Ramsey, "Departure of Honduras security minister a victory for corrupt cops," InSight Crime, 12 de septiembre de 2011

Hassan F., Demografía Arqueología (Nueva York: Academic Press, 1981), 116-23; ML Powell, El Estado y la Salud en la Prehistoria

Hugh W. Nibley. TEACHINGS OF THE BOOK OF MORMON, Semester 3, Lecture 76, Helamán 6, Crime, Secret Societies, Egyptian Mythology on the Origin of the World.

Hugh W. Nibley. TEACHINGS OF THE BOOK OF MORMON, Semester 3, Lecture 76, Helamánaman 6, Crime, Secret Societies, Egyptian Mythology on the Origin of the World.

Insight crime en https://es.insightcrime.org/noticias-crimen-organizado-mexico/mexico/ accedido el 7/9/2022

John L. Sorenson, Un escenario para el Libro de Mormón en la Antigua América (N. del T.) (Salt Lake City: Deseret Books)

Karl Marx and Friedrich Engels, El Manifiesto Comunista, traducido por Eden Paul and Cedar Paul (London: Martin Lawrence, 1930), 1.

Keating, Dave. The 2008 economic crisis explained Published on October 7, 2008

Kimball, Spencer W. 1972. La fe precede al milagro. Deseret Book Company, Salt Lake City. Utah, 334

La Sorte, Michael 1985. Living in America. Philadelphia, Pa. Temple University Press

Lecture 48: Alma 10-12, Hugh W. Nibley. Provo, Utah: Maxwell Institute

Liahona, 2007 enero, Las fuerzas que nos salvarán, Elder James E. Faust

Mundell, Robert A. (1993): 'EMU and the International Monetary System: A Transatlantic Perspective', Working papers

Nephi's Descendants? Historical Demography and the Book of Mormon, James E. Smith. FARMS Review: Volume - 6, Issue - 1, Pages: 255-96, A review of "Multiply Exceedingly: Book of Mormon Population Sizes" by John C. Kunich, Provo, Utah: Maxwell Institute, 1994

Nye, Joseph S. Jr. (1990): 'Soft Power', Foreign Policy 80 (Fall), pp. 153-171.

Peterson, Daniel C, 1992. "Book of Mormon Economy and Technology." In Encyclopedia of Mormonism, edited by Daniel H. Ludlow, 1:172-75. 5 vols. New York: Macmillan

Pres. Ezra Taft Benson, "Cuidaos del orgullo," Liahona, Mayo 1989, 4 (Property, Prestige and Power) Pride que significa orgullo en español

R. Thomas Naylor, "Mafias, myths, and markets: on the theory of enterprise crime", Transnational Organized Crime, vol. 3, núm. 3 (Otoño de 1997), pág. 1.

Research by John W. Welch, 1993; discussed at a FARMS brown bag lecture

Rodney Stark, Sociología (Belmont, CA: Wadsworth, 1998), 227

Secret Combination, Ray C. Hillam, Provo, Utah: Maxwell Institute en http://www.byu.farms.edu (accedido el 24 de mayo de 2011)

Strauss, Barry (2010). La guerra de Espartaco. Trad. Carlos Valdés. Edhasa. ISBN 978-84-350-2699-8.

The Zoramite Separation: A Sociological Perspective, Sherrie Mills Johnson, Journal of Book of Mormon Studies: Volume - 14, Issue - 1, Pages: 74-85, Provo, Utah: Maxwell Institute, 2005

Universidad de Alabama, 1992), 238-66; Flinn M., El Sistema Europeo de Demografía (Brighton: Harvester, 1981) .

Weighing and Measuring in the Worlds of the Book of Mormon, John W. Welch, Journal of Book of Mormon Studies: Volume - 8, Issue - 2, Pages: 36-46, Provo, Utah: Maxwell Institute, 1999

Made in the USA
Columbia, SC
18 August 2024

35e1df64-6488-4e42-a53e-fab07cc8949bR01